의사소통의 달인

허삼봉

직장 성공기

의사소통의 달인
★ 허삼봉
직장 성공기

황상재·오익재 지음

뜨인돌

머 리 말

"까라면 까!" 90년대 초반까지 우리나라 군대문화를 상징하는 명령어다.

어디 '까라면 까' 문화가 군대에만 국한되었을까? 정도의 차이는 있지만 상사에 의한 일방적인 지시와 명령, 그리고 그에 대한 일사분란한 복종은 군대조직뿐만 아니라 기업과 정부, 학교 등 모든 조직에서 바람직한 미덕으로 받아들여졌었다.

10년이면 강산도 변한다고 했던가, 군대의 커뮤니케이션 문화만큼 많이 변한 것도 없다. 요즘에는 군대에서조차도 상관이 업무 외에는 일방적인 명령이나 지시를 할 수 없고, 병사들 상호 간에도 존댓말을 쓰도록 규정하고 있다.

'군대에서 고참과 졸병 간에 존댓말이라니.' 유신시대 군대 생활을 했던 경영진들은 말할 것도 없고 80년대 군복무를 했던 팀장급 연배의 중간 간부들과 90년대 민주군대 생활을 했던 과장들도 이해하기 어렵다. 하지만 이미 직장은 군대 고참의 부당한 명령에 토를 달고, 대통령과 평검사가 맞장토론이 가능한 시대의 신세대 직원들로 채워지고 있다. 이들 신세대 직원들은 직장에서도 자유롭게 의사 표현 하기를 원하고 경영진과 직원 간의 쌍방향 대화를 요구하며 이러한 요구가 충족되지 않으면 큰 불만을 갖게 된다. 이를 잘 알고 있는 관리자들도 변화하는 추세에 부응하려고 하지만 '마음 따로 몸 따로'이다.

80년대 말, 지금은 고인이 된 개그맨 김형곤 씨가 대기업의 회장으로 출연한 '회장님, 회장님, 우리 회장님'이라는 인기 코미디 프로그램이 있었다. 지독한 구두쇠 회장이 모처럼 이사들에게 한턱을 내기 위하여 이사들을 중국집에 초대하는 장

면이 있다. "자, 마음대로 주문하게"라는 회장의 말에 웬 떡인가 하는 생각으로 잔뜩 기대를 하는 이사들. 하지만 곧 이어 "나는 짜장" 하는 회장의 주문에 기대감이 실망으로 바뀌는 이사들. 말로만 민주적인 기업 문화를 표방하는 오늘 한국 기업들의 커뮤니케이션 현주소다.

　미국 「포춘」지가 발표한 '가장 일하고 싶은 100대 기업'의 선정 주관자이자 신뢰경영의 주창자인 로버트 레버링은 훌륭한 일터는 회사 내 커뮤니케이션의 질에서도 차이가 난다는 점을 강조했다. 로버트 레버링은 "평범한 일터는 잘못된 커뮤니케이션으로 악순환의 고리에 빠져드는 경향이 있다. 하지만 일하기 좋은 일터는 커뮤니케이션의 순순환을 가져와 조직에 대한 충성심이 높아진다"고 강조했다. 자기 납득성을 중요시하는 요즘의 직장인에게 직장 내 쌍방향 커뮤니케이션은 매우 중요한 요소이다. 이들은 상사, 회사의 일방적인 커뮤니케이션 풍토를 견디기 힘들어한다. 신세대 직장인들은 개방적인 커뮤니케이션을 통해 자기 납득성이 확보되면 일과 직장에 더욱 강한 열정을 갖는다.

『의사소통의 달인 허삼봉 직장 성공기』는 직장에서의 커뮤니케이션에 관한 문제를 다루고 있다. 실제 기업 현장에서 직면하는 다양한 커뮤니케이션 상황을 이해하기 쉽게 스토리텔링 기법으로 풀어내고 각 상황을 분석적으로 생각해 볼 수 있는 정보와 지식을 담았다. 그리고 이 책을 읽는 독자들 스스로가 자신과 자신이 속한 기업의 다양한 커뮤니케이션 요소들을 측정하여 분석할 수 있는 자가진단표를 포함시켰다.

이 책이 기업에서의 커뮤니케이션 문제로 고민하는 직장인들에게 생각 전환의 기회를 마련해 주고 직장에서 커뮤니케이션 문제로 고민하는 관리자들이 자신과 기업의 커뮤니케이션 문제점을 구체적으로 인식하는 데 도움을 줄 수 있었으면 하는 기대를 해본다.

2008년 1월
황상재 · 오익재

CONTENTS

머리말 4
프롤로그 10

이제 대화가 좀 되네   17
커뮤니케이션의 시작은 듣기
★ 허삼봉의 달인 되기 프로젝트 1 - 귀 기울여 들으면 사람의 마음을 얻을 수 있다.   27

저 사람에겐 왜 안 통할까   37
커뮤니케이션 스타일과 능력
★ 허삼봉의 달인 되기 프로젝트 2 - 상대의 커뮤니케이션 스타일을 이해하면
　　　　　　　　　　　　　　　쉽게 대화할 수 있다.   46

인사만 잘하면 돼?   54
비언어 커뮤니케이션
★ 허삼봉의 달인 되기 프로젝트 3 - 얼굴 표정과 말이 다를 경우 신뢰를 얻기 힘들다.   63

나쁜 보고일수록 빨리 하라   74
지시와 보고의 커뮤니케이션

피드백이라는 마술   88
긍정적 피드백과 부정적 피드백

의사소통의 달인 **허삼봉** 직장 성공기

바쁜데 짜증나시겠지만　97

다른 부서나 조직과의 커뮤니케이션

★ 허삼봉의 달인 되기 프로젝트 4 – 보고는 수시로, 지시는 명확하게,
피드백은 적절하게.　109

제대로 된 회의 만들기　118

회의의 커뮤니케이션

★ 허삼봉의 달인 되기 프로젝트 5 – 회의를 주최하기 전에 왜 회의를 하려는지
3번 이상 반문하라.　126

농담 좀 합시다　133

효율적인 커뮤니케이션 분위기

★ 허삼봉의 달인 되기 프로젝트 6 – 커뮤니케이션 분위기가
조직의 업무수행 결과를 좌우한다.　142

더 나은 삶으로 가는 길　147

조직 커뮤니케이션의 전략적 계획

★ 허삼봉의 달인 되기 프로젝트 7 – 원활한 커뮤니케이션은
조직을 성장시키는 힘이다.　155

에필로그 164

허삼봉의 첫 출근은 두고두고 (주)한다발의 화제가 되었다.

면접에서 튀던 허삼봉을 기억한 엄 부장이 물었다.

"오늘 첫 출근인가?"

"네, 부장님, 첫 출근입니다. 너무나 선망하던 이 회사에서 일을 하게 되다니 백골난망입니다. 부장님, 평생 잘 모시겠습니다."

허삼봉은 머리까지 조아리며 정중하게 대답했다. 그의 과장된 말과 몸짓에 인사팀 사람들은 그만 웃음을 터뜨리고 말았다.

허삼봉은 입사 전부터 유별났다. 면접에 잘 보이기 위해 (주)한다발의 로고가 새겨진 티셔츠를 입고 직원들에게 요구르트와 입사지원서, 그리고 (주)한다발 발전방향에 대한 자신의 의견서를 나눠주었다. 그의 필사적인 입사전략은 이것만이 아니었다. 면접 전날에는 (주)한다발 사옥의 화장실 칸칸마다 자기소개서를 붙여놓았다.

보다 못한 엄청해 부장이 그를 불렀다.

"자네 적극성은 인정하네만, 이런다고 가점을 주거나 합격시켜 주는 건 아닐세."

그러면서 그를 돌려보냈다.

이십대 태반이 백수라는 이태백 시대에 지방대학을 나온 그로선 대학생 때부터 취업에 관심을 쓰지 않을 수 없었다. 애초에 들어가고 싶은 회사를 정해놓고 틈틈이 관련기사를 스크랩하며 입사전략을 연구했다. 그가 노리던 회사는 급성장하고 있는 한다발그룹의 본사인 (주)한다발이었다.

허삼봉은 먼저 입사한 선배들을 수소문해서 회사가 요구하는 인재상, 조직문화 등 갖가지 정보를 입수해 만전을 기했다.

"자신의 행동이 좀 지나치다고 생각하지 않나?"

면접과정에서 이런 질문도 받았지만 그는 용기 가상하게 되받아쳤다.

"꼭 입사하고 싶습니다. 열정이 넘쳐서 그런 거니까 잘 봐주십시오."

이런 노력과 열정으로 마침내 허삼봉은 (주)한다발에 입사했고 인사팀으로 배정을 받았다.

그의 첫 출근 인사에 고상한 인사팀장은 웃으며 말했다.

"그래, 인사팀은 인사만 잘하면 돼."

하지만 막상 입사를 해보니 허삼봉은 인사 말고는 잘하는 것도, 할 줄 아는 것도 별로 없다는 사실을 문득 깨달았다. 그리고 그때부터 차츰 이 사람 저 사람 눈치를 보기 시작했다.

그러기를 3년, 허삼봉에게도 기회가 찾아왔다. 마침내 일다운 일을 맡게 된 것이다. 바로 임직원을 대상으로 한 비즈니스 매너 교육 기획이었다. 물론 단독 진행은 아니었다. 주무는 입사 5년차인 박간결 대리의 몫이었고, 그는 주로 박 대리의 보조역할이었다.

그래도 허삼봉 딴에는 새로 맡게 된 이 일에 최선을 다했다. '비즈니스 매너' 교육과정 개발을 어떻게든 자신의 일로 만들려 애쓰고 있었다. 그의 자존심을 회복할 유일한 기회라고 믿었기 때문이다.

그러나 강경한 팀장이 새로 부임하면서 모든 일이 틀어지기 시작했다. 새로 온 강경한 팀장은 이름과는 달리 이해심이 많아 보인다고 했다. 다른 직원들의 평판은 그랬다. 하지만 허삼봉의 입장에서 강경한 팀장은 참으로 힘든 상사였다.

그는 대원그룹의 인사팀장을 맡았던 경력사원이지만, (주)한다발의 입사로 봐서는 허삼봉보다 3년이나 뒤졌다. 허삼봉의 눈에 강 팀장은 전혀 남의 말은 안 듣는 데다가 인간적인 따뜻함이라곤 눈곱만큼도 없는 냉혈한으로 비쳤다.

허삼봉은 이제 업무도 손에 익고 회사 돌아가는 사정도 보였다. 그런데 직속상사인 강 팀장은 업무의 세세한 부분까지 그를 간섭하려 들었다. 업무 조율 정도가 아니라, 진행 순서나 형식까지 팀장의 방식에 맞춰야 했다. 그런 스트레스 때문에 입맛을 다 잃었다.

리더의 자질이라곤 전혀 없어 보이는 강 팀장에게 허삼봉은 리더십에 관한 책이라도 대놓고 추천하고 싶을 지경이었다.

심지어 강 팀장은 그에게 원래 하던 '비즈니스 매너' 교육과정 개발만이 아닌 인사팀의 잡다한 심부름까지 시켰다. 예를 들어 신입사원 때 하던 서류 복사 심부름, 외부손님이 오면 차 내오기와 안내 등.

"이런 건 말단사원이 해야 하는 일 아닌가? 난 이제 3년차라구."

혼자 구시렁거리는 날이 많아졌다.

강 팀장은 허삼봉에게 일을 시키면서 자세한 설명조차 해주지 않았다. 그리고는 정말 사소해 보이는 일로 사사건건 트집을 잡았다.

사건이 터진 것은 정말 사소한 일 때문이었다.

강 팀장이 허삼봉에게 모처럼 일다운 일을 요구했다. 전 임직원의 근태 현황을 급히 작성해 달라는 거였다. 최근 과민성대장증후군으로 인해 복통에 시달리고 있던 허삼봉은 '내일 해야겠군' 생각하며 정시 퇴근을 했다.

한데 다음날, 강 팀장이 잔뜩 경직된 얼굴로 허삼봉을 찾았다. 지시받은 일을 처리해 놓지 않고 정시 퇴근을 했다며 나무라는 것이었다. 화를 내면서 말이다.

"아니 팀장님, 왜 화를 내고 그러세요? 어제까지 끝내라는 말씀 없으셨잖아요."

허삼봉은 억울하기도 했고, 또 그동안의 일들이 복받쳐 올라 그만 폭발하고 말았다.

"적어도 팀장이라면 팀원이 효율적으로 일할 수 있도록 해주고, 어떤 문제가 있는지 챙겨봐 주셔야 하는 거 아닙니까?"

가만히 있을 강 팀장이 아니었다. 길길이 뛰며 화를 냈다. 급기야는 허삼봉의 평소 업무 태도까지 거론했다. 제때 보고를 안 한다는 둥, 웃으며 대답하는 걸 못 보겠다는 둥 하면서 말이다.

허삼봉은 결국 자제력을 잃었고 얼굴이 벌겋게 달아오른 채 화장실이 아닌 회장실로 뛰어 올라갔다.

비서를 통해 회장과 면담하고 싶다고 당당하게 말했다. 외부 사람은 물론 직원들에게도 모습을 잘 드러내지 않기로 유명한 은둔자 유회장이 웬일인지 쉽게 면담 요청을 수락했다.

허삼봉은 유 회장과 마주 앉았다.

"강 팀장과 일하기 너무 힘듭니다. 부서를 바꿔주시던지 아니면 차라리 제가 회사를 그만두겠습니다."

유 회장은 아무 말 없이 그의 이야기를 듣기만 했다. 표정 변화도 전혀 없었다.

허삼봉은 유 회장과의 면담을 마치고 간부사원들이 "말단사원이 겁대가리 없네!" 어쩌고저쩌고 떠들든 말든 곧장 퇴근해 버렸다. 회사 근처에서 혼자 자취하는 그에게 회사에서 무슨 일이 있었는지를 물어보는 사람은 아무도 없었다. 다행이었다.

사흘째 자취방에서 인터넷 서핑을 하거나 온라인 포커 게임을 하면서 빈둥거리는데, 회사에서 전화가 왔다.

인사팀 주요한이었다.

"회사 측에서는 허삼봉 씨의 뜻을 받아들이기로 했습니다. 퇴직금 받아가세요."

그 말을 듣는 순간, 허삼봉은 맥이 탁 풀렸다.

'이게 뭐야. 내가 원한 건 이게 아닌데. 이게 아니라구. 으아, 괜히 회장 찾아가 말실수 했네.'

그는 자기가 한 행동과 내뱉은 말을 후회했지만 결과는 돌이킬 수 없었다.

'근데 회장이면, 직원 말귀 정도는 알아들어야 하는 거 아냐? 회장이 괜히 회장인가?'

가슴이 답답해지니까 화살이 엉뚱한 데로 튀었다. 한숨이 절로 나왔다.

'당장 회사를 그만두면 시골에 계시는 아버지, 어머니한테 뭐라고 말씀드리나. 곧 승진도 하고 장가도 갈 거라 기대하실 텐데. 어렵게 입사한 회사에서 겨우 3년 일하고 잘리다니! 참 잘린 게 아니지, 내 발로 나온 거잖아. 이런, 젠장. 그러고 보니 불평할 대상이 없네.'

허삼봉은 밤새 뜬눈으로 보내고 다음날 아침 퇴직금을 받으러 회사로 나갔다. 그냥 출근이라면 얼마나 좋을까!

이제 대화가 좀 되네
커뮤니케이션의 시작은 듣기

허삼봉은 회사에 나왔지만 정작 퇴직금을 받아가라는 얘기는 없었다.

'뭐지, 이 분위기는?'

그는 주변의 눈치를 살폈다.

강경한 팀장은 아무 일도 없었다는 듯이 자신의 일에 열중했고, 박 대리도 마찬가지였다. 입사동기인 이대로도 그대로였다. 퇴직금 받아가라고 전화한 주요한도 별다른 말이 없었다. 은둔자 유 회장도 그를 찾지는 않았다.

냉큼 퇴직금을 달라고 할 수도 없고, 뭘 어떻게 해야 할지 몰라서 잠시 자리에 앉아 있었다. 일단은 강 팀장에게 먼저 사과부터 해야 하리라. 마음을 다잡으며 신문을 뒤적이는데, 흥미 있는 기사가 눈에 띄었다. 이런 내용이었다.

20대 직장인 1,212명에게 '직장상사 때문에 이직을 결심해본 적이 있는가?' 물은 결과, 75.7%가 '그렇다'고 답했다.

상사 때문에 이직 결심을 해봤다는 응답자는 그 요인을 '성격 차이가 커서'(19.2%), '하인 부리듯 대해서'(18.3%), '능력을 인정해 주지 않아서'(15.5%), '상사의 업무 태만으로 일할 의욕이 없어져서'(14.7%), '더 배울 것이 없다고 느껴져서'(11.2%), '너무 많은 일을 줘서'(8.1%) 등의 순으로 꼽았다.

이밖에 직장상사가 반드시 갖춰야 할 요소로 전체 응답자는 '리더십과 코칭 능력'(29.5%), '솔선수범하는 태도'(15.7%), '자상한 성품'(12.4%), '문제해결 능력'(12.0%), '커뮤니케이션 기술'(8.8%), '직무능력'(8.3%), '사업과 시장에 대한 통찰력'(6.1%), '인적 네트워크'(3.5%) 등을 들었다.

허삼봉은 응원군을 만난 것처럼 크게 고개를 끄덕였다. 이걸 보면, 자신만 그런 게 아니란 거다.

'사실 나도 강 팀장 때문에 회사를 그만두려 하는 거잖아. 내 잘

못이 아니야. 분명 강 팀장에게 문제가 있어.'

그는 이렇게 확신하기에 이르렀다.

'아무리 좋은 말이라도 여러 번 들으면, 잔소리로 들리잖아. 직접 행동으로 보여주는 것이야말로 효과 짱인데 말이지. 강 팀장은 맨날 코치만 하려고 들어. 먼저 솔선수범하는 모습을 본 적이 없다니까. 자상하기는커녕 자기중심적으로 말하고 화가 나면 막말도 막 하잖아.'

이렇게 생각하니 강 팀장의 단점이 명료하게 정리되는 느낌이었다.

그렇지만 강 팀장 때문에 회사를 그만두고 싶다고 회장한테까지 고해바치고 사흘이나 결근한 건 아무래도 큰 실수라는 생각이 들었다.

'실수는 인정할수록 작아진다고 했다. 내가 먼저 실수를 인정하면, 강 팀장도 화를 누그러뜨리겠지. 잘하면 다시 인사팀 일을 하게 될지도 몰라. 실수를 인정 않고 변명하면 오히려 강 팀장의 화만 부추겨 상황을 악화시킬 수도 있어.'

허삼봉은 진지하게 고민했다. 이성은 강 팀장에게 사과해야 한다고 요구했지만, 자꾸 감정적인 앙금이 이를 막았다.

'역시 실수를 했을 때 어설프게 변명하거나 대충 넘어가는 건 안 좋아. 호미로 막아도 될 것을 나중엔 가래로도 못 막는 상황을 만들 수 있어. 실수를 했으면 바로 사정을 설명하고 사과하는 게 현명한 일이야. 근데 어떻게 사과하지?'

허삼봉은 무슨 말로 사과해야 할지 이리저리 궁리했다. 그리고 강 팀장 자리로 가서는 정중한 자세로 미리 준비한 사과의 말을 꺼냈다. 마무리할 즈음에 한마디 덧붙였다.

"팀장님이 제 말을 무시하시니까, 회장님께 직접 말한 것입니다."

그 말을 들은 강 팀장이 뜨악한 표정으로 반문했다.

"혹시 허삼봉 씨가 남의 말을 잘 안 듣는 거 아닙니까?"

"……."

"허삼봉 씨는 말이죠, 남의 말은 대충 듣고 자기 말만 하려 들어요. 아세요? 허삼봉 씨 같은 사람은 삶이 진짜 재미없을 겁니다. 자기 외에 다른 사람한테는 관심도 없잖아요. 근데 더 큰 문제는 자신의 문제도 모른다는 겁니다."

허삼봉은 강 팀장의 말을 가만히 듣기만 했다. 다른 때처럼 강 팀장의 말에서 오류를 찾아내 자신이 옳다는 것을 증명하려 하지 않았다.

허삼봉은 말 한마디로 천냥 빚을 갚는다는 속담을 믿었다. 그래서 가능한 한 말을 잘하기 위해 무척 노력했다. 사실 그뿐만 아니라 세상 사람들 다 너도나도 달변가가 되려고 애쓴다. 누구나 그렇듯이 허삼봉도 회사에서 자신의 말이 좀더 돋보이도록 노력했을 뿐이다.

'말이 돋보이려면 튀어야 한다. 남자의 시선이 비키니를 입은 여자에게 쏠리듯이, 무조건 상대의 시선을 먼저 잡아끌어야 한다. 눈이 따라와야 귀가 따라오고 마음도 따라오기 마련이다. 시선을 붙잡기 위해서는 상대가 익숙한 방식으로는 힘들다. 독설의 칼날을 매일 갈고 상대가 전혀 예상치 못한 반전을 만들어야, 사람들은 눈을 반짝이며 집중한다. 한마디로 뜬금없어야 한다. 늘 하던 방식이 아니라 조금 틀어서 달리 표현하거나, 전혀 관련 없는 사물을 주제와 연결해 표현해야 비로소 상대는 이야기에 귀를 기울이며 흥미를 보인다. 말하기는 그때부터가 시작이다. 이미 주도권은 말하는 나에게 있다.'

허삼봉은 이런 논리로 무장하고 언제 어디서나 빠르고 정확하게 자신의 의사를 표현했다. 그 때문에 선배들은 몹시 당혹스러워하기도 했다. 물론 직장에서는 순간순간 번뜩이는 아이디어를 잘 내놓는다고 그를 칭찬하기도 했다.

그의 생각은 늘 할 말도 못하고 듣기만 하면 회사에서 누가 알아주냐는 거였다. 말을 잘하지 못하면 일다운 일을 할 기회도 못 잡는다.

허삼봉은 강 팀장이 지금 뭐라고 말하든 자신과는 상관없는 얘기라고 흘려들었다. 회사에서 대화나 논쟁을 지배하는 것은 입이지 귀가 아니다. … 입이 아니라 귀인가?

순간 그는 자기도 모르게 자신을 돌아보기 시작했다. 남의 말을 잘 들어야 한다는 생각은 별로 해본 적이 없었다. 강 팀장과의 문제도 찬찬히 따져보니 결코 강 팀장 잘못만은 아닌 것 같았다.

'강 팀장 말대로 내 생각에만 빠져 강 팀장의 말을 잘 안 들은 건 아닐까?'

허삼봉은 입으로만 사과할 것이 아니라 마음으로도 반성해 보기로 했다.

'사실 내가 너무 대들긴 했지. 별로 잘난 구석도 없으면서.'

이런 자괴감도 들었다.

'앞으로 회사에서 살아남으려면 내가 먼저 변해야 해. 차라리 독설의 칼날을 남이 아닌 나 자신에게 겨누자. 잘난 척하며 남에게 독설을 퍼부어서는 당연히 좋은 소리 못 듣는다. 그래, 우선 남의 말을 잘 들어주자.'

"허삼봉 씨! 뭘 또 그리 골똘히 생각합니까? 말하는 사람에게 집중해야죠."

강 팀장은 잠깐 흥분을 가라앉혔다가 말을 이었다.

"자기주장이 강한 남성과는 달리, 여성은 천성적으로 남의 말에 귀를 기울여 줍니다. 남의 말을 잘 듣는 태도가 어떤 건지 주요한 씨한테 배우십시오."

앞자리에 앉은 주요한이 고개를 들고는 살며시 웃었다.

허삼봉은 강 팀장의 말을 다시 곰곰이 곱씹었다. 나를 용서하겠다는, 그러니까 다시 일할 수 있다는 뜻이다! 그는 이제야 다시 생기가 돌았다.

강 팀장 충고대로 주요한에게 듣기 태도에 대해 배워 보기로 했다.

"그냥 들으면 되죠. 남의 말 잘 듣는 것도 비결이 있나요? 전 단순히 그냥 듣는데요. 그런 거 일일이 따지면 세상살이 복잡해서 어떻게 살아요?"

어떻게 듣는 것이 좋으냐는 허삼봉의 질문에 주요한이 멋쩍어하
며 대답했다.

주요한은 (주)한다발에서 10년 넘게 일한 고참 여직원이다. 남자
사원들의 농담도 잘 받아주고 누구와도 원만하게 지낸다. 허삼봉도
경쟁상대로 보지 않았기에 대화하기가 편했다.

상고를 졸업한 탓에 아직 승진이라곤 해본 적이 없지만, 그녀가
중간에 회사를 그만두지 않은 이유는 두 가지였다. (주)한다발의 독
특한 연봉체계와 그녀의 무던한 성격. 회사가 도입한 연공혼합형 성
과급제는 승진을 못 해도 매년 연봉이 올라가는 급여시스템이다. 그
러니까 그녀의 실 수령액은 대졸사원인 허삼봉보다 많았다. 게다가
그녀는 성격이 무던해서 누구와도 원만히 지냈다. 유 회장도 기밀사
항인 인사발령을 문서로 하지 않고 가끔 주요한의 입을 통해 임직원
에게 통보하고는 했다.

"황당한 부장님과 박멍석 차장님 얘기 들었어요?"

졸음이 몰려드는 오후 2시쯤, 자판기에서 커피를 뽑아 허삼봉에
게 건네던 주요한이 먼저 말을 꺼냈다. 허삼봉은 고맙다는 뜻으로
입가에 웃음을 띠면서 종이컵을 받았다.

그동안 주요한은 그의 듣기 태도를 관찰하면서 관심을 보여주었
다. 허삼봉 자신도 모든 문제를 듣기와 연관지어 논평하는 버릇까지
생겼다.

"황 부장님과 박 차장님, 주요한 씨, 다 입사동기라면서요……?"

허삼봉의 말에 주요한은 미소만 지을 뿐이었다. 모든 것을 포용하는 듯한 그녀의 미소는 매우 다양한 의미를 전했다. 그들과 입사동기라는 말이 잠시 열등감을 자극했지만 이제 그녀는 승진엔 별로 관심이 없었다.

"황당한 부장님처럼 성실한 업무태도로 믿음을 주는 사람도 커뮤니케이션 능력이 부족하면 성과를 올리는 데 한계가 있어요. 또 박멍석 차장님처럼 언변이 뛰어난 사람은 자칫 잘못하면 독불장군이라는 소리를 듣기 십상이고……."

"독불장군이라 승진이 늦어진 건가요?"

주요한의 말을 자르고 허삼봉이 중간에 끼어들었다.

기분 상한 표정이 스쳤지만 주요한은 다시 미소를 띠며 말을 이었다.

"우리나라 사람은 대체로 다른 사람들과 논쟁하는 게 서툴잖아요?"

그 말에 허삼봉은 주요한을 다시 봤다. 의외로 지적인 면이 있구나 싶었다. 입사 3년이 지나서야 다른 사람의 장점이 보이기 시작한 것이다.

"그렇죠! 우리나라 사람은 토론이나 논쟁을 즐기기보다는 어릴 때부터 일방적인 지시나 가르침에 순응하도록 배워 왔죠. 뭐 회사라고 다르나요. 한다발도 마찬가지로 전통과 위계질서에 따라 의사결정이 이루어지잖아요."

허삼봉이 힘주어 대꾸했다.

"근데 재무팀 박 차장님은 토론이나 논쟁을 아주 즐겨요. 또 논쟁하면 누구한테도 안 지잖아요. 늘 옳은 말만 해요. 그러다 보니 오히려 주위 사람들이 싫어하는 경향이⋯⋯."

"잠깐만요. 늘 옳은 말만 하는 사람이 있을까요?"

"⋯⋯."

"바로 그거네요, 승진에 관한 문제는!"

허삼봉은 주요한과 대화하면서 문득 깨닫는 것이 있었다.

"그거라니요?"

주요한이 특유의 의아하다는 표정을 지으며 되물었다.

"황 부장님과 이야기를 나눠 보고 박 차장님과 이야길 나눠 보면, 나 역시 황 부장님에게 더 좋은 점수를 주게 돼요. 박 차장님은 바로 그 듣는 태도 때문에 진급이 늦는 건 아닐까요? 늘 자기 말만 하려 하고 남의 말을 건성으로 듣잖아요. 자신에게 유리한 말만 듣는 것 같아요. 그래서 박 차장님과 대화하면, 내가 존중받는다는 느낌이 전혀 없어요."

"그렇죠? 대화할 때 가장 중요한 건 상대의 말에 공감하고 경청하는 태도죠. 황 부장님은 듣는 행위가 인간관계에 어떤 영향을 끼치는지 잘 아는 것 같아요. 남의 말을 들으면서 별다른 편견 없이 그 사람을 바라보거든요. 그래서 황 부장님은 주변에 자기 편이 많은 거죠."

"듣고 보니 일리가 있네요. 경청 태도가 황 부장님을 고속 승진으로 이끈 거란 말씀이군요?"

허삼봉은 주요한의 말에 맞장구를 쳤다.

"이제 대화가 좀 되네. 황 부장님은 누구의 말이든 진심으로 경청한다는 것을 몸짓이나 눈빛으로 상대에게 전해요. 대화할 때 귀와 머리가 모두 듣기 모드로 열려 있거든요. 그러니 상대의 말에 활발하게 맞장구를 칠 수 있죠. 그래서 상대의 호감과 신뢰감을 얻게 된 거구요. 황 부장님은 설혹 자신을 비난하는 말이라도 '그렇군요'라며 일단 긍정하거든요. 자기 말에 공감해 주니까 누구든 금방 그를 편안하게 느끼는 겁니다."

"조직에서 위로 올라갈수록 올바른 경청 태도가 필요하겠네요. 결국 일도 사람이 하는 거니까. 말을 잘 들어주는 상사가 부하직원의 신뢰를 얻어 업무 결과도 좋아지겠군요."

주요한은 미소 지으며 머리를 끄덕였다.

'역시 듣는 태도를 바꾸지 않는다면 커뮤니케이션은 어렵다. 이제 말을 잘하려는 강박관념에서 벗어나야겠다. 남의 말을 판단하거나 꼬투리 잡으려 들면, 올바른 경청을 할 수 없다. 중요한 정보를 놓치지 않기 위해서라도 남의 말을 잘 들어주어야겠다.'

허삼봉은 남의 말을 경청하면 대인관계가 좋아지고 잘 들어주는 것만으로도 충분히 대화를 이끌어 나갈 수 있음을 진심으로 시인했다.

귀 기울여 들으면 사람의 마음을 얻을 수 있다.

듣기에 대한 잘못된 생각

- 듣기의 중요성은 말하기보다 낮다.
- 말을 잘하기 위해서는 교육과 훈련이 필요하지만 듣는 것은 그렇지 않다.
- 듣기는 많은 생각과 에너지를 필요로 하지 않는다.
- 말하기는 능동적인 행위이지만 듣기는 그렇지 않다.

우리가 일반적으로 생각하는 듣기에 대한 잘못된 생각들이다. 이런 편견 때문에 말을 잘하기 위해 시간과 에너지를 투자하는 사람은 많아도 진정으로 말을 잘 들어주려고 노력하는 사람은 찾아보기 힘들다. 일상 속에서 우리는 무수히 남의 말을 듣는다. 하지만 상대가 한 말을 얼마나 기억하는가!

직원들 커뮤니케이션 능력을 배양하기 위해 많은 시간과 비용을 투자해서 말과 글을 잘 쓰는 교육을 시키는 기업은 있어도, 듣는 훈련을 시키는 기업은 거의 없다. 듣기는 누구나 할 수 있기 때문에 별도의 교육과 훈련이 필요 없다는 생각에서다.

하지만 커뮤니케이션에서 절반은 듣는 행위다. 커뮤니케이션이란 말을 하고 들으며 적절한 반응(피드백)을 주고받는 상호작용이다. 말을 잘하기 위해서는 상대의 말을 잘 경청해야 한다.

신은 우리에게 말을 잘하기보다는 잘 들으라고 귀는 두 개, 입은 하나를 주셨다.

인간은 깨어 있는 시간의 70%를 의사소통에 사용하는데 그중 48%가 듣기이며 35%가 말하기다. 1%가 읽기, 7%가 쓰기, 기타가 9%로, 듣기는 실제로 커뮤니케이션의 절반 정도를 차지하는 셈이다. 그런데도 듣기를 잘하는 사람은 많지 않다.

진정한 경청은 헌신적 노력이자, 경의의 표시

진정한 경청이란 선입견이나 신념, 가치판단, 개인적인 흥미를 접어두고 상대의 시각과 관점에서 사물을 바라보려고 노력하는 것이다.

진정한 경청은 경의의 다른 표현이다. 경청은 '나는 당신에게 무슨 일이 생겼는지 관심이 있고 당신의 관점과 생각을 중요하게 여긴다'는 표현이기 때문이다.

이청득심以聽得心이란 말이 있다. 귀 기울여 들으면 사람의 마음을 얻을 수 있다는 뜻이다. 상대의 말에 진심으로 귀 기울이는 것이야 말로 상대에 대한 최고의 배려다. 연인이 사랑에 빠졌을 때는 상대의 말 하나 눈 동작 하나에도 관심을 기울이지만, 애정이 식었을 때는 상대의 말을 건성으로 듣는다. 이처럼 상대에 대한 애정과 관심, 배려가 없으면 진정한 경청을 하기가 힘들다.

조직에서 경청의 중요성

얼마 전 이건희 회장이 선대 회장으로부터 물려받은 '경청'이란 글자를 다시 아들인 이재용 상무에게 전했다고 한다. 이건희 회장은 변화의 시기에 생존하고 성장하려면 조직의 어느 위치에 있든 상관없이 모두가 귀를 열고 배워야 한다는 '경청'의 진리를 다시 한 번 강조한 것이다.

과거의 상사들은 직장상사란 주로 지시나 명령을 내리는 자리라 생각했기 때문에 듣기를 중요하게 여기지 않았다. 하지만 지금은 다르다. 최근 미국의 CEO들은 따로 경청 훈련까지 받는다고 한다. 요즘 쏟아져 나오는 경영 커뮤니케이션 관련 책들도 '경청의 중요성'을 입 모아 강조한다.

유사경청은 경청이 아니다

상대의 말을 듣고는 있지만 진정한 경청이 아닌 유사경청에 그칠 때가 많다. 유사경청이란 귀를 열고 듣기는 하지만 속으로는 딴 생각을 하는 행위다. 그 이유를 살펴보자.

▶ **비교하기** : 누가 더 능력 있는지, 조직에 공헌한 사람은 누군지 등 마음속으로 자신과 비교하느라 경청을 못 한다.

▶ **마음읽기** : 상대의 의도를 지나치게 깊이 파악하려는 욕심 때문에 오히려 상대의 말을 경청하지 않게 된다.

▶ **예행연습** : 상대의 말이 채 끝나기도 전에 자신이 할 말이나 반응을 미리 생각하느라 경청을 못 한다.

▶ **걸러듣기** : 자신의 필요에 따라 취사선택해서 듣는다.

▶ **판단하기** : 대화를 시작하기도 전에 그 내용을 지레짐작한다거나 대화내용과는 상관없이 말하는 사람에 대한 선입견 때문에 경청

을 못 한다.

▶ **비위 맞추기**: 상대에게 비위를 맞추려고 애쓰다 보니 정작 상대의 말에는 주의를 기울이지 않는다.

이러한 다양한 요인 때문에 진정한 경청이 아니라 유사경청을 하게 된다. 지금 진정한 경청을 하고 있는가? 아니라면 언제 왜 그런지 한번 살펴보자.

경청의 요령

▶ **내용과 감정을 동시에 듣기**

사람들이 전달하는 메시지＝내용^{content}＋감정^{feeling}이다. 효율적인 경청이란 객관적인 메시지 내용뿐 아니라 전달자의 감정까지도 헤아려 듣는 것을 의미한다.

사람마다 말하는 방식과 세상을 보는 관점이 다르다. 상대가 하는 말을 제대로 이해하기 위해서는 그들의 언어양식이나 가치관까지 이해해야 한다. 그리고 상대가 말을 마치기 전에 자신의 주관이나 생각에 따라 상대의 메시지를 판단하지 말고, 말을 끝까지 듣고 상대의 입장에서 생각하는 자세가 필요하다.

▶ 자신의 언어로 바꾸어 말하기

듣는 도중 상대의 말을 자신이 다시 표현해 보는 방법이다. 이를 테면 "당신이 하고 싶은 말은 그러니까 ……라는 것입니까?", "당신은 ……라고 말하고 싶은 거군요, 맞나요?" 하고 확인하는 것이다.

이렇게 하면, 상대가 경청한다는 걸 말하는 사람이 알고 고마움을 느낄 뿐만 아니라, 오해를 줄이고 대화내용을 기억하는 데 도움도 된다.

바꾸어 말하기는 비교, 판단, 걸러듣기, 공상 등 청취 장애물에 대한 해결책이다. 특히 협상과정에서 발생할 수 있는 갈등이 분노로 격화되는 것을 막아주고 분위기를 완화해 준다.

▶ 명료화하기

말하는 사람의 메시지를 이해하기 위해 적절한 질문을 하는 것이다.

"당신이 이야기하고자 했던 것은 이런 것이 아닌가요?", "당신이 방금 한 말의 요지를 다시 간단하게 설명해 주시면 저에게 큰 도움이 될 겁니다" 등.

명료화하기는 듣는 사람이 내용을 얼마나 이해했는지 말하는 사람에게 환기해 줌으로써, 말하는 사람이 말하는 방법이나 속도 등에 변화를 줄 수 있도록 돕는다.

▶ 지지하는 피드백

좋은 대화에는 1·2·3 원칙이 있다. 1번 말하면 2번 듣고 3번은 맞장구쳐 주라는 것이다. 정말로 대화하고 싶은 사람은 언변이 뛰어난 사람이 아니라 경청하고 공감해 주는 사람이다.

빌 게이츠는 대화 중에 수시로 "Really? Excellent! And then what happens?"라고 말하면서 대화에 몰입하는 동시에 상대의 흥을 돋워 준다고 한다.

지지하는 피드백을 위해 상대의 말에 적절하게 맞장구를 치되, 메시지 내용에 대해 자신의 의견을 제시하거나, 상대의 말실수 혹은 말꼬투리를 잡고 늘어지지 말아야 한다.

▶ 적절한 비언어 메시지 이용

화자의 메시지를 경청하고 있음을 '바꾸어 말하기'나 '명료화하기' 언어 수단만이 아니라 제스처 같은 비언어적 메시지를 사용해 보여주는 것이다.

"듣는 것은 하나의 기술이다. 북적대는 방에서 누군가와 이야기를 할 때도 나는 그 방에 단둘이 있는 것처럼 그를 대한다. 다른 것은 모두 무시하고 그 사람만 쳐다본다. 고릴라가 들어와도 나는 신경 쓰지 않을 것이다."

화장품업계의 여왕 메리케이 애쉬 회장이 한 말이다. 그녀는 자신의 가장 중요한 경영기술로 들을 줄 아는 능력을 꼽았다. 여기서도 경청에서 비언어적 반응이 얼마나 중요한지 알 수 있다

경청을 위해서는 말하는 사람과의 눈맞춤을 유지해야 한다. 시선을 맞출 때 계속 눈동자를 고정하고 쳐다보면 상대가 불편해할 수 있다. 그러므로 3~4초간 마주친 후 자연스럽게 아래나 옆으로 눈길을 돌리는 것이 좋다. 시선이 줄곧 아래를 향하거나, 초점 없는 멍한 눈은 상대의 의욕을 떨어뜨린다. 주변을 산만한 시선으로 둘러보는 것도 분위기를 어수선하게 만들기 때문에 삼가야 한다.

말하는 사람을 향해 몸을 약간 앞쪽으로 기울이는 것이 좋다. 상대에게 관심을 기울이면 자연스럽게 신체의 일부가 앞으로 향한다. 이런 자세는 의자 깊숙이 기대고 앉거나 팔짱을 낀 자세보다 한층 더 상대의 마음을 편하게 해주어 진솔한 이야기를 이끌어낼 수 있다.

그리고 고개를 끄덕이거나 상대의 이야기에 표정으로 반응함으로써 말하는 사람에게 긍정적인 신호를 보내라.

■ **나의 경청 점수는?** (점수를 모두 합친 것이 당신의 경청 점수다.)

① 전혀 그렇지 않다 ② 그렇지 않다 ③ 그저 그렇다 ④ 그런 편이다 ⑤ 매우 그렇다

1. 상대가 말을 하는 동안에는 다른 생각을 하기보다 상대의 말에 집중한다.

   □ ①   □ ②   □ ③   □ ④   □ ⑤

2. 상대가 하는 말의 내용을 알더라도 중간에 말을 끊지 않고 끝까지 듣고 말한다.

   □ ①   □ ②   □ ③   □ ④   □ ⑤

3. 상대가 말을 하는 동안엔 상대의 눈을 바라본다.

   □ ①   □ ②   □ ③   □ ④   □ ⑤

4. 상대가 공감 가는 이야기를 하는 경우 고개를 끄덕거리는 등 적절한 제스처를 보여
   준다.

   □ ①   □ ②   □ ③   □ ④   □ ⑤

5. 나와 다른 의견을 이야기해도 그 사람의 입장에서 다시 한 번 생각해 본다.

   □ ①   □ ②   □ ③   □ ④   □ ⑤

6. 말하는 사람의 의향을 명확히 알기 위해 종종 질문을 한다.

   □ ①   □ ②   □ ③   □ ④   □ ⑤

7. 인내심 있게 듣는 편이라는 평가를 받는다.

   □ ①   □ ②   □ ③   □ ④   □ ⑤

8. 되도록 상대의 말을 흠잡거나 비판하지 않는다.

   □ ①   □ ②   □ ③   □ ④   □ ⑤

9. 말의 내용 외에도 말하는 사람의 표정이나 목소리 톤 등을 기억하는 편이다.

   □ ①   □ ②   □ ③   □ ④   □ ⑤

10. 상대가 잘 설명하지 못해도 핵심을 잘 짚어내는 편이다.

   □ ①   □ ②   □ ③   □ ④   □ ⑤

■ 결과 분석

- 40점 이상 : 경청 능력이 뛰어난 사람이다. 동료와 친구들은 상대의 말을 경청하는 당신의 습관 때문에 당신과 기꺼이 대화하려고 할 것이다. 말하는 능력까지 뛰어나다면 당신은 리더의 자질이 있다.
- 30점 이상 ~ 40점 미만 : 보통 수준이다. 아직 갈 길이 멀다. 무엇이 문제인지 자신의 듣는 습관을 한번 점검해 보고, 가까운 동료들과도 상의해서 문제점을 개선해 나가야 할 것이다.
- 30점 미만 : 문제가 많다. 남의 말을 잘 듣지 않고 자신의 이야기만 하려는 사람이 이 유형에 속한다.

저 사람에겐 왜 안 통할까

커뮤니케이션 스타일과 능력

허삼봉은 궁금했다.

'유 회장이 정말 나를 즉시 해고하라고 지시했을까?'

그는 사무실이 좀 한가해지자 주요한에게 직접 물었다. 경청에 관한 이야기를 나눈 후로 좀더 가까워진 느낌이었지만, 그녀는 쉽게 대답해 주지 않았다. 허삼봉이 여러 번 집요하게 묻자, 마지못해 대답했다.

"유 회장님은 허삼봉 씨에게 겁만 줘서 회사로 다시 출근하도록 하라고 했어요."

"그랬군요."

'유 회장은 내 마음을 읽은 것일까?'

허삼봉은 안도의 숨을 내쉬며, 속이 깊어 보이는 은둔자 유 회장에 대해 알고 싶어졌다.

'은둔자로 세상과 담을 쌓기보다는 좀더 개방적인 사람이 돼야 하지 않을까?'

주제넘게 유 회장을 걱정하기도 했다.

허삼봉은 점차 강경한 팀장이 이끄는 인사팀의 분위기에 익숙해져 갔다. 일도 다시 보였다. 인사팀에서 하는 일은 인사만 잘하는 것이 아니었다.

인사팀에서 일하려면 직원들의 모든 것을 알아야 했다. 업무와 관련된 능력과 자질뿐만 아니라 돈 씀씀이가 어떤지, 무슨 드라마를 즐겨 보는지, 심지어 바람을 피우는지 어떤지, 그런 사소한 것까지 다 파악해야 했다. 인사팀은 직원들에 관한 모든 정보가 들고 나고, 선택되고 취합되는 길목이었다. 때로는 업무상 인사팀원 간에도 비밀이 생겼다.

허삼봉의 주 업무는 바로 이런 직원 인사 기록부 관리였다. 회사를 잘 운영하려면, 사원에게 관심을 갖고 지켜보는 것은 당연하다. 꼼꼼하고 치밀한 인사관리는 관찰과 평가를 넘어선다. 제거하려는 직원들의 블랙리스트가 있고, 무슨 일이 있어도 보호하려는 직원들의 명단도 있다.

허삼봉은 직원들의 실적과 능력뿐만 아니라 성격, 친구관계, 주량, 술버릇, 사생활, 퇴근 뒤 생활 등 갖가지 정보를 모아서 정리했다. 직급이 올라갈수록 건강, 말투, 버릇, 옷차림에 이르는 세세한 부분까지 관리했다. 집을 24평에서 36평으로 옮겼다더라, 어디에 주식 투자를 했다가 손해를 크게 봤다더라…… 이런 소문에도 귀를 기울였다.

정리한 자료는 은둔자 유 회장에게 일주일에 한 번씩 보고했다. 신상정보 수집은 팀원 모두가 했지만 이를 취합해 보고하는 일은 늘 강 팀장이 혼자 맡았다.

강 팀장이 오면서부터는 허삼봉은 사적인 만남에서도 정보를 수집해야 했다. 인사 대상자의 평상시 평판도 파악해야 했으므로.

강 팀장은 매주 보고하는 것은 팀원들의 만족도를 높이기 위해서라고 말했지만, 회사의 불만분자를 사전에 막으려는 의도일 수도 있었다.

허삼봉이 회사를 그만두겠다고 뛰쳐나간 그 사건 이후로, 강 팀장은 인력개발부 인사팀의 자리를 다시 배치했다. 강 팀장을 가운데 두고 원형으로 만든 것이다.

강경한 팀장, 박간결 대리가 책상을 붙여 나란히 앉고, 맞은편에 허삼봉, 이대로, 주요한이 나란히 책상을 붙이고 앉았다. 관리자용 책상은 일반 책상보다 1.5배 더 커서 두 사람과 세 사람이 마주보는 책상 배치는 아귀가 딱 맞았다.

그렇지 않아도 일자형 자리배치일 때는 강 팀장이나 박 대리가 자신의 뒤통수를 늘 쳐다보는 것 같아 신경 쓰였던 허삼봉은 이런 원형 배치가 썩 마음에 들었다. 의외로 강 팀장은 개방적인 상사라는 생각도 들고, 마음도 안정되었다. 강 팀장은 부하직원의 등을 보고 앉는 것보다는 얼굴을 서로 마주보고 앉아야 커뮤니케이션이 원활해진다고 믿었다.   .

입사 3년이 지나서야 허삼봉은 회사생활은 학교생활과는 다르다는 사실을 이해했다.

가끔 독설을 퍼부어도 학창시절의 친구들은 사심 없이 대했지만 지금은 사적인 만남에서조차 인사정보를 수집해야 했고, 잘 모르는 사람을 대할 때는 긴장부터 했다. 무슨 말을 해야 할지 몰라 불안했다.

오늘도 강 팀장의 지시에 따라 관리팀에 새로 입사한 권태감 대리와 식사를 하게 되었는데 도무지 대화가 이어지질 않았다. 어디로 점심이 들어갔는지도 모르겠고 자리로 돌아오고 나서도 입맛이 썼다. 물론 제대로 된 개인정보도 얻지 못했다.

듣기의 중요성을 깨달은 이후, 그는 상대의 말을 들을 때 상대의 의견과 느낌, 요구를 완전히 이해할 수 있도록 주의를 집중하는 버릇이 생겼다. 이제는 상대의 말에 바로 반대하거나 잘못을 교정하려 들지 않았다. 확인차 질문은 했지만 논쟁은 되도록 피했다. 특히 잘 모르는 상대에겐 더 그랬다.

하지만 벙어리가 아닌 다음에야, 남의 말을 듣기만 하고 말을 안

하고 살 수는 없다.

'말하기에도 듣기와 유사한 원리가 있는 것은 아닐까?'

허삼봉은 다시 고민하기 시작했다.

화술에 관한 책을 몇 권 뒤적여 보았다. 그래서 내린 결론은, '효과적인 커뮤니케이션 기술은 주어진 상황에서 상대에게 맞는 적절한 커뮤니케이션 스타일을 사용하는 커뮤니케이션 능력에 달려 있다'는 것이었다. 하지만 커뮤니케이션 스타일이나 커뮤니케이션 능력이라는 용어가 모호했다.

허삼봉은 입사동기인 이대로에게 물었다.

"커뮤니케이션 능력이 뭐라고 생각해?"

"글쎄, 말을 얼마나 현란하게 잘하는가가 아닐까?"

이대로의 대답은 허삼봉이 회사를 뛰쳐나가던 그때 그 수준이었다.

상대가 잘 듣지 않으면 아무리 현란하게 말한들 무슨 소용이 있겠는가.

"듣기처럼 말하기도 상대와 상황에 따라 달라져야 하는 게 아닐까?"

허삼봉은 자기 생각을 말해 보았다.

"난 그냥 이대로 살게 해줘."

이대로는 귀찮아했다.

그때 어느샌가 옆에 다가온 강 팀장이 불쑥 대꾸했다.

"물론입니다. 커뮤니케이션 스타일은 상황에 따라 달라져야 합니다. 때로는 고함을 치는 것이 가장 좋은 커뮤니케이션 방법일 수 있고, 반대로 귓속말이 가장 효과적일 때도 있지요."

허삼봉은 커뮤니케이션 스타일에 대해 조금씩 정리가 되는 듯했다. 경험한 바로는, 때때로 회의석상에서 침묵이 유용한 커뮤니케이션 전략이 되었다. 그렇다고 회의 때마다 매번 꿀 먹은 벙어리일 수는 없었다. 불리한 상황에서는 최대한 말을 아꼈다가 결정적인 순간에 한마디 해서 회의 분위기를 반전시킬 필요도 있었다.

허삼봉은 권태감 대리와 어떤 식으로 대화를 했어야 했는지 생각해 보았다. 숫기가 별로 없어 보이는 권 대리에겐 직접적인 질문보다는 자신의 의견이나 경험을 이야기하며 감정적인 느낌을 물어야 하는 게 옳았던 거 같다.

물론 교육이나 회의에선 이런 스타일의 커뮤니케이션은 어울리지 않는다. 여러 사람과 커뮤니케이션을 할 때는 일일이 한 사람 한 사람 다 맞춰 줄 수는 없었다. 또한 다른 사람에 대한 선입견으로 자기중심적인 사고를 하기 때문에 예상치 않은 방향으로 말이 흘러나와서 조바심을 내고 대화를 끊기 일쑤였다. 정확하지 않은 발음과 끝을 흐리는 습관 때문에 자주 말을 되풀이하기도 했다.

허삼봉은 자신의 커뮤니케이션 능력을 더욱더 향상해야겠다고 생각했다.

'커뮤니케이션 능력에 따라 대인관계가 좌우되는 거 아닐까?'

이런 생각도 들었다.

허삼봉은 먼저 자신의 커뮤니케이션 스타일을 올바로 이해하는 것이 필요하다고 느꼈다. 동시에 다른 사람들의 커뮤니케이션 스타일을 집요하게 관찰하기 시작했다.

허삼봉은 필요 없는 말을 줄이고 자신에게 맞는 커뮤니케이션 스타일을 개발해서, 상대의 커뮤니케이션 스타일에 따라 적절히 대응하다 보면 누구와도 쉽게 대화할 수 있으리라고 생각했다.

관찰해 보니, 사람의 성격이나 얼굴생김새만큼이나 많은 커뮤니케이션 스타일이 존재했다. 대인 커뮤니케이션 능력도 사람마다 달랐다. 그래도 그 사람의 커뮤니케이션 스타일이나 능력은 어렴풋이나마 파악할 수 있었다. 이를 자신의 자기계발 노트에 정리했다.

'김 부장의 커뮤니케이션 스타일은 자기 편향적이며 지나치지 않는 범위에서 자기를 보호하려고 노력한다.'

이런 식이었다.

커뮤니케이션 스타일을 네 가지로 나누고, 이에 적절한 대응 스타일을 찾아보았다.

커뮤니케이션 스타일

- 직감형 : 창조적, 혁신적이며 상상력이 풍부하다. 끊임없이 회의하며 간혹 엉뚱한 아이디어를 내놓기도 한다.

43

- 사고형 : 합리적 사고와 분석적 판단능력이 있다.
- 느낌형 : 남에게 감정이입을 잘 하며 친절하고 따뜻하다. 남을 지지하며 공감대 형성에 능하다. 공식적인 대화보다는 유머와 개인적 일화를 즐긴다. 대화 자체를 좋아한다.
- 감각형 : 자신감에 넘쳐 대화를 주도한다. 경쟁적, 투쟁적이며 문제의 핵심을 파고들기보다는 일단 행동하고 본다.

각각의 커뮤니케이션 스타일에 따른 대응방법

- 직감형에 대해 : "이 접근방법에 대한 아이디어가 어떻습니까?"라고 묻는다.
- 사고형에 대해 : "이 계획의 타당성을 어떻게 분석하십니까?"라고 묻는다.
- 느낌형에 대해 : "이 계획에 대해 어떤 느낌이 드세요?"라고 묻는다.
- 감각형에 대해 : "이 계획의 기본골격에 찬성하십니까?"라고 묻는다.

이런 방식은 나름 효과가 있었다. 그러나 허삼봉이 깨달은 더욱

중요한 사실은 '회사에서는 팀장에게 말할 때와 동료에게 말할 때 커뮤니케이션 스타일이 같을 수는 없다'는 것이었다. 일단 상대를 가리지 말고 그의 말을 존중해 보자고 생각했다.

상대를 존중하는 마음으로 진실하게 대하려고 노력하다 보니 마음속에서 진실함이 저절로 배어 나왔다. 사람들은 진실한 말은 오래 기억한다. 허삼봉은 다른 사람이 마음을 보여주기를 기대하지 않고, 자신이 먼저 상대에게 마음의 문을 열어 좋은 관계를 만들어 나갔다.

이제 허삼봉은 회사 사람 누구하고든 무리 없이 커뮤니케이션을 할 수 있다는 자신감이 생겼다. 물론 강 팀장은 빼고 말이다.

그런데 과연 말하기와 듣기가 조직 내 커뮤니케이션의 전부일까?

허삼봉의 달인 되기 프로젝트 2

상대의 커뮤니케이션 스타일을 이해하면 쉽게 대화할 수 있다.

말의 내용만큼 중요한 것이 표현력

사회학자이자 현대 경영학의 대부인 피터 드러커[Peter F. Drucker]는 다음과 같이 말한다.

"인간에게 가장 중요한 능력은 자기 표현력이며, 현대의 경영이나 관리는 커뮤니케이션이 좌우한다."

즉 현대사회에서 성공하기 위해서는 자기 자신을 잘 표현하는 것이 무엇보다 중요하다는 것이다. 자기표현 기술은 모든 사람에게 필요하지만, 특히 관리자에게는 커뮤니케이션이 곧 리더십으로 이어지기 때문에 더더욱 중요하다.

직장 내 인간관계, 커뮤니케이션 스타일과 능력이 좌우한다

회사에서 가장 기본이 되는 커뮤니케이션은 상사와 동료, 후배직원과의 대인 커뮤니케이션[Interpersonal communication]이다. 과거에는 한

번 직장에 들어가면 별 문제가 없는 한 은퇴할 때까지 그곳에서 일했다. 이런 직장문화에서 상사와 동료 간 커뮤니케이션은 시간이 지나 직장 내 인간관계가 돈독해지면 자연히 해결되는 문제였다. 하지만 기업문화와 직장 내 풍속도가 IMF 이후 빠르게 변화하면서 평생 직장의 신화는 깨졌다. 이직했을 때 새로운 업무에 적응하는 것보다 새로운 상사와 동료들과 좋은 인간관계를 맺는 것이 더 어렵다고들한다. 직장 내 좋은 인간관계를 만들기 위해서는 시간이 해결해 주던 과거와는 달리, 올바른 커뮤니케이션 스타일과 능력이 필요하다.

누구나 자신만의 커뮤니케이션 스타일이 있다

커뮤니케이션 스타일이란 이야기를 하거나 들을 때 보이는 반응에 대한 종합적인 태도다. 의도적이든 아니든 누구나 자신만의 헤어스타일이나 패션스타일이 있듯이 자신만의 커뮤니케이션 스타일이 있다.

바람직한 커뮤니케이션 스타일

사람마다 자신이 좋아하는 스타일이 다른 것처럼, 부하직원들이

바라는 리더의 커뮤니케이션 스타일 또는 리더가 바라는 부하직원
의 커뮤니케이션 스타일이 다르다.

　상사와 부하직원 사이에 서로 다른 스타일이 문제 될 수 있지만
서로 너무 똑같아도 문제가 생길 수 있다. 갈등이나 선택 상황에 처
했을 때 동일한 커뮤니케이션 스타일의 사람들로만 구성된 집단은
그렇지 않은 집단보다 생산적인 대안이나 해결책을 찾기가 더 힘들
수 있다. 즉 개인의 커뮤니케이션 스타일도 중요하지만, 기업에서
는 다양한 사람들이 존재하는 만큼 각자의 커뮤니케이션 스타일을
제대로 파악해 좀더 협동적이고 시너지를 내도록 상호작용하려는
노력이 필요하다.

■ 나의 커뮤니케이션 스타일은?

①전혀 아니다 ②아니다 ③보통이다 ④그렇다 ⑤매우 그렇다

1. 친근감을 주려고 다른 사람의 말에 잘 반응한다.

   □ ①   □ ②   □ ③   □ ④   □ ⑤

2. 사람들에게 호감을 주는 방식으로 말한다.

   □ ①   □ ②   □ ③   □ ④   □ ⑤

3. 내 말의 리듬이나 흐름은 항상 편안하게 유지된다.

   □ ①   □ ②   □ ③   □ ④   □ ⑤

4. 다른 사람의 의견에 동의하지 않을 때 즉각 이의를 제기한다.

   □ ①   □ ②   □ ③   □ ④   □ ⑤

5. 상대가 말할 때 끝까지 경청하고 주의를 기울인다.

   □ ①   □ ②   □ ③   □ ④   □ ⑤

6. 논쟁할 때 나도 대안을 제시하지만 상대로부터도 요구한다.

   □ ①   □ ②   □ ③   □ ④   □ ⑤

7. 상대가 감정적으로 말하면 나도 감정적으로 대꾸한다.

   □ ①   □ ②   □ ③   □ ④   □ ⑤

8. 강조하고자 하는 내용이 있으면 목소리와 제스처도 달라진다.

   □ ①   □ ②   □ ③   □ ④   □ ⑤

9. 내 감정과 느낌을 솔직하게 표현한다.

   □ ①   □ ②   □ ③   □ ④   □ ⑤

10. 대부분 상황에서 듣기보다는 말을 많이 한다.

   □ ①   □ ②   □ ③   □ ④   □ ⑤

이 응답결과를 아래 표에 대입해 자신의 커뮤니케이션 스타일이 어떤지 알아보자. 상사의 커뮤니케이션 스타일도 체크해 보자. 나와 어떻게 다른가?

평가항목	커뮤니케이션 스타일	평가항목	커뮤니케이션 스타일
1	친근한	6	정확한
2	인상적인	7	감정적인
3	편안한	8	드라마틱한
4	논쟁적 · 호전적인	9	열린
5	주의 깊은	10	지배적인

■■ 결과 분석

예를 들어 ②-③-①-④-⑤-③-④-②-①-③의 점수를 얻었다고 하자. 각 점수를 보면 '논쟁적·호전적인' 4번째 항목과 '주의 깊은'과 '감정적인' 5·7번째 항목에서는 높은 점수를 얻은 반면, '편안한'과 '열린' 항목에서는 매우 낮은 점수를 얻었다. 이를 그림으로 나타내면 다음과 같다.

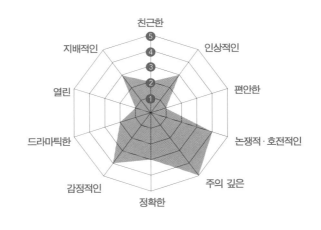

이런 결과를 얻은 사람은 커뮤니케이션을 할 때 정확성과 세심함은 뛰어나지만 표현방식이 공격적이고 감정적이라 다른 사람에게 편안한 인상을 주지 못한다. 그로 인해 커뮤니케이션의 긍정적 가능성을 닫아놓았다고 볼 수 있다. 자신의 커뮤니케이션 스타일 중 공격적이고 감정적인 성향은 낮추고 자신의 장점인 주의력과 세심함을 좀더 발전시키면서 타인에게 편안한 인상을 주도록 개선해야 할 것이다.

사람마다 자신의 점수를 그래프로 나타낸 그림은 다를 것이다. 자신의 점수를 그림으로 나타내 어떤 부분이 강한지, 약한 부분은 뭔지 알아보고 다른 사람들과 비교해 보자.

개인으로서는 '친근한', '편안한', '열린' 등의 커뮤니케이션 스타일이 나쁠 것은 없지만, 문제는 회사 내에서 상사나 동료, 부하직원과 커뮤니케이션 스타일이 서로 상충하는 경우다.

예를 들어 상사는 지배적이고 논쟁적인 커뮤니케이션 스타일인 반면, 부하직원은 상대적으로 약한 커뮤니케이션 스타일이라면 자신의 의견을 피력할 때 어려움을 겪을 것이다. 반대로 상사는 친근하고 편안한 커뮤니케이션 스타일인 반면, 부하직원이나 다른 동료가 논쟁적인 커뮤니케이션 스타일일 때도 문제가 생길 수 있다. 이 경우에는 업무지시 등 업무에 필요한 정보를 주고받는 게 원활하지 못할 수도 있기 때문이다.

커뮤니케이션 스타일은 진단만으로 끝내지 말고 지속적으로 보완하고 개선해야 한다. 대인 커뮤니케이션이나 회사 내 공적인 커뮤니케이션에서 가장 긍정적인 태도는 다른 사람들의 말을 주의 깊게 듣고 동의를 표시하며 공감하는 것이다. 앞의 결과표에서는 '친근한', '편안한', '정확한', '열린' 항목의 점수가 높을 때 이런 커뮤니케이션 스타일에 좀더 가깝다.

■ 나의 커뮤니케이션 능력은?

① 전혀 그렇지 않다 ② 그렇지 않다 ③ 그저 그렇다 ④ 그런 편이다 ⑤ 매우 그렇다

1. 말하는 것을 즐긴다.

   □ ①   □ ②   □ ③   □ ④   □ ⑤

2. 이야기를 잘 들어준다.

   □ ①   □ ②   □ ③   □ ④   □ ⑤

3. 들은 이야기를 다른 사람에게 재미있게 전달한다.

   □ ①   □ ②   □ ③   □ ④   □ ⑤

4. 천천히 생각하면서 말한다.

   □ ①   □ ②   □ ③   □ ④   □ ⑤

5. 논쟁이 일어나도 무난하게 마무리지을 수 있다.

   □ ①   □ ②   □ ③   □ ④   □ ⑤

6. 상대를 잘 이해한다는 것을 표현한다.

   □ ①   □ ②   □ ③   □ ④   □ ⑤

7. 대화나 회의 중에 상대와 의견이 다르면 상대의 입장을 생각해 본다.

   □ ①   □ ②   □ ③   □ ④   □ ⑤

8. 그리 친하지 않은 사람과 얘기할 때도 불편하지 않다.

   □ ①   □ ②   □ ③   □ ④   □ ⑤

9. 대화나 회의의 흐름을 잘 놓치지 않는다.

   □ ①   □ ②   □ ③   □ ④   □ ⑤

10. 대화나 회의 중에 필요하면 목소리를 높이고 몸짓으로 표현하는 것을 좋아한다.

   □ ①   □ ②   □ ③   □ ④   □ ⑤

자기 말고 다른 사람의 커뮤니케이션 능력을 평가해 보고 싶을 때는 주어 자리에 다른 사람의 이름을 넣어 측정한다. 그럼으로써 자신과 비교하거나 커뮤니케이션 능력이 뛰어난 사람들은 어떤 특징이 있는지 알아볼 수 있다.

■ 결과 분석

- 40점 이상 : 대체적으로 원만한 커뮤니케이션 활동을 한다. 그러나 자신이 취약한 부분은 늘 있기 마련이므로 이를 확실히 파악하고 개선하려는 노력을 꾸준히 해야 한다.

- 30점 이하 ~ 40점 미만 : 일반적인 커뮤니케이션에 별 어려움이 없지만 커뮤니케이션 능력을 좀더 신장하고 장점을 키운다면 대인관계나 업무에서도 더 큰 성과를 낼 수 있다.

- 30점 미만 : 적극적으로 자신의 커뮤니케이션 능력을 키우려고 노력해야 한다. 당신은 원활한 커뮤니케이션을 하지 못할 가능성이 높다. 그로 인해 직장 내 대인관계에서도 불이익을 당할 수 있다. 커뮤니케이션 능력이 떨어지기 때문에 익숙하지 않은 상황에 대한 대응능력도 떨어진다.

인사만 잘하면 돼?

비언어 커뮤니케이션

여진 과장은 외국계 기업에서 경력을 쌓고, (주)한다발로 스카우트된, 이른바 외국물 좀 먹은 해외유학파이다. 이직 초기, 그녀는 회사 분위기에 적응할 수 없었다. 나이나 연차보다는 실력으로 대우받던 전 직장과 달리, 어린 나이에 과장을 달고 들어온 그녀에 대해 사람들의 반응이 영 팍팍했기 때문이다.

팀 회의 시간에 여 과장이 의견들을 말해 달라고 해도, 다들 꿀먹은 벙어리였다. 설령 대답을 한대도 말뿐 행동으로 옮기는 사람이 없었다. 다행히 마케팅팀은 여 과장 위로 남중남 부장이 있었다. 그렇지만 다른 팀과 업무협조를 할 때는 늘 어려움을 겪었다. 실력은 그녀가 우위지만 남 부장의 사내 대인관계에 밀려 늘 공을 빼앗겼다.

여 과장은 고민 끝에 지금까지의 태도를 바꾸기 시작했다. 직급과 상관없이 나이가 많은 여직원을 대할 때면 '~ 씨'가 아닌 '언니'라고 부르고, 남자 직원에게도 깍듯이 존댓말을 썼다. 그러자 어색했던 분위기가 차츰 풀렸다.

어느 정도 회사 분위기에 익숙해진 여 과장은 여직원 회의에서 호칭문제를 거론하며 풍파를 일으켰다.

"공식적인 비즈니스 자리에서는 '언니'라고 부르지 맙시다. 오해받기 쉬운, 사용하지 말아야 할 호칭입니다. 저도 공식 직함이 있으니, 앞으론 '여 과장'으로 불러 주십시오."

여 과장은 미인은 아니었지만 자신의 표정과 태도에 관한 한 장단점을 확실히 아는 여성이었다. 그리고 다른 사람의 말을 들을 때와 자신이 말할 때, 가벼운 말을 할 때와 자신의 뜻을 강조하고 싶을 때 등 상황에 따라 적절한 표정을 짓고 그에 걸맞은 태도를 보였다. 그녀의 표정과 태도는 말과 일치했으며 매우 설득력이 있었다.

주요한은 여진 과장을 깍듯이 "여 과장님"이라고 불렀다. 그도 그럴 것이 자기보다 네 살이나 어린 과장을 언니라고 부를 수도 없는 노릇이고, 그렇다고 직급이 높은 사람에게 하대할 수도 없었다. 여 과장도 늘 주요한을 큰언니로서 대접하며 깍듯이 대했다.

그러던 그들이 여직원 회의 때 충돌하는 일이 벌어졌다. 물론 발단은 언니 호칭을 사용하지 말고 직함으로 불러 달라는 여 과장의 주장 때문이었다.

회사 내 여직원 수는 점점 늘어나고, 여직원이 고위직으로 진출하는 경우가 많아지면서 크고 작은 남녀 간 마찰이 자주 생겼다.

여성은 군복무를 하지 않기 때문에 1~2년 휴학했다가 입사하는 동갑내기 남자 직원들보다 직장선배일 경우가 많았다. 게다가 능력 위주로 직원을 뽑다 보니 나이 어린 사람을 깍듯이 상사로 모셔야 하는 경우도 적지 않았다.

여성상사들은 남자 부하직원을 다루는 데 부담을 느끼곤 했다. 그런 남자 부하직원들 역시 여성상사 때문에 만만치 않은 스트레스를 받았다.

그뿐만이 아니었다. 여성상사는 자기주장이 강한 여자 후배나 다른 여자 직원들을 대할 때도 신중해야 했다.

별 생각 없이 여직원에게 "커피 한잔 부탁해"라고 말했다가는 그 즉시 남존여비 사상에 젖은 인간으로 취급받기 십상이었다. 마지못해 갖다 주는 커피와 함께, "흥! 여성의 적은 역시 여성이라니까"라는 뒷말까지 들어야 했다. 이러한 회사 분위기를 바로잡아야 하는 것이 바로 인사팀의 일이었다.

갑론을박했던 호칭문제는 결국 여직원끼리도 언니라는 호칭은 사적인 자리에서만 사용하기로 결론이 났다.

여 과장의 입가에 옅은 미소가 번졌다. 갓난애가 잠자면서 빙긋

웃음짓는 그런 천사 같은 미소였다. 이러한 미소는 상대의 마음을 일순간에 녹였다. 주요한도 따라 웃지 않을 수 없었다. 그녀에게 여 과장은 선망의 대상이라기보다는 대견한 막내동생 같았다. 사실 여 과장은 회사 분위기에 적응하는 동안 주요한의 도움을 많이 받았다. 그래서 사석에서는 주요한을 정말 친언니처럼 살갑게 대하고는 했다.

그날 여직원 회의에서 여 과장은 또 다른 안건을 내놓았는데, 그 것을 주요한은 자신이 하는 일에 대한 공격으로 받아들였다. 여 과장이 이렇게 물었던 것이다.

"인사팀에 직원을 관리하는 비밀지침과 블랙리스트가 있어요?"

한 여직원은 노조에 통보해서 정식으로 항의하자고 강경하게 주장하기도 했다.

주요한은 그 말에 순간 표정이 굳고 과민하게 반응했지만 이내 침착하게 답변했다.

"블랙리스트만 있는 게 아니에요. 화이트리스트도 있어요. 이것은 임직원의 직무 만족도를 높이기 위한 거예요. 모두 노력해서 화이트리스트에 들어가세요. 회사에 불만을 갖기보다는 여직원도 어떤 일이든 기꺼이 떠맡을 자세, 회사 문제를 마치 내 문제인 것처럼 달려드는 태도를 가져야죠. 평소 사소한 표정과 태도에도 신경 써야 하고요. 스트레스 푸는 방법, 심지어 밥 먹을 때의 태도도 인사고과 대상이 됩니다."

여직원 회의가 끝나고 돌아온, 주요한은 시무룩한 표정으로 자리에 앉았다.

"요즘 여직원들은 싸가지가 없다니까요."

혼잣말처럼 투덜거렸다.

"왜요? 여직원 회의에서 안 좋은 일 있었어요?"

허삼봉이 궁금한 듯 다가갔다.

"그게 아니구요. 좀전에 계단에서 갓 입사한 여직원이랑 마주쳤는데 아는 척도 안 하더라고요. 그래도 명색이 대선배인데 말이죠."

그 말을 듣곤 허삼봉이 장난삼아 물었다.

"주요한 언니, 그럼 '싸가지 있는' 여직원이 되려면 어떻게 행동해야 해요?"

"에이, 남자가 언니라고 부르니 닭살 돋네. 역시 회사에서는 직함을 부르거나 주요한 씨 정도의 호칭이 무난하네요."

주요한은 농담으로 응수하고는 이런 일화를 들려주었다.

"세계적인 바이올리니스트 아이작 펄만은 소아마비로 다리를 절었는데, 그 덕분에 오히려 어려서부터 음악에 몰두할 수 있었다고해요. 그가 열세 살 때 줄리아드 음악원에 오디션을 받으러 갔는데, 지정곡을 연주하기에 앞서 현을 맞추는 소리를 듣고 당시 시험감독관 교수였던 아이작 스턴이 '합격!'이라고 외쳤죠. 훗날, 아이작 스턴은 어느 인터뷰에서 그때를 회상하며 이렇게 말했어요. '음악을연주하기 전 호흡을 가다듬고 무섭게 정신 집중을 하는 소년을 보았습니다. 현의 소리를 맞추기 위해 활 긋는 자세를 보고 이미 내가 가르칠 것 이상을 터득했다는 걸 알았지요.' 이 둘 사이에는 언어를 통한 커뮤니케이션보다 자세, 표정, 태도, 행동 등 비언어적 메시지가 더 크게 작용한 셈이죠. 말이 없어도 그 사람의 싸가지는 판단할 수 있다는 거예요."

일리 있는 주장이었다.

사실 일상적인 커뮤니케이션에서는 언어적Verbal 메시지보다 비언어적Non-verbal 메시지를 더 많이 사용한다. 사람들은 일단 눈에 보이는 대로 반응한다. 실제로 "안녕하십니까?"라는 인사말보다 인사하는 태도나 표정을 더 보게 된다.

서로 마주앉은 인사팀은 일상 대화조차 금방 회의로 변하곤 하는데, 서류를 뒤적이던 강 팀장이 허삼봉과 주요한의 대화에 끼어들었다.

"인사 잘하는 직원을 싫어하는 상사는 없죠. 인사는 모든 비즈니스 세계에서 기본입니다. 분명히 기억해야 할 것은 대부분 상사들의 불만은 부하직원이 인사를 안 한다는 데서 시작된다는 거예요. 그리곤 '예의 없다'가 결국 '싸가지 없는 놈'으로 발전하는 거죠. 인사는 사소한 거지만, 남에게 자신을 각인시키는 가장 효과적인 방법입니다. 악수도 좋고 목례라도 상관없어요. 짧은 눈맞춤 인사도 좋죠. 서먹한 관계라도 거리낌 없이 인사하다 보면 자연스럽게 말도 섞게 됩니다. 우리나라 사람은 이웃 간에도 인사를 너무 안 해요."

강 팀장은 우리나라 사람이 아닌 양 인사에 대한 일반론을 말했지만, 허삼봉이 듣기에는 자신을 두고 하는 잔소리처럼 들렸다. 그 역시 강 팀장에게 인사하는 걸 자주 빼먹고는 했던 것이다.

　"저는 단지 쑥스러워서 혹은 타이밍을 못 맞춰서 인사를 못 하는 거지 안 하는 게 아닌데요. 어떤 때는 '아침에 했으니까' 혹은 '눈이 마주치지 않았으니까' 하는 어정쩡한 상황 때문에 인사를 못 해요."

　허삼봉이 변명하듯이 말하자, 강 팀장은 정색하며 말을 받았다.

　"출퇴근 시에는 상투적인 인사라도 반드시 하고, 복도나 다른 장소에서 상사와 마주쳤을 때는 인사한 지 얼마 안 지났어도 목례 정도는 하는 게 좋습니다. 말과는 달리, 표정이나 태도는 자신의 의지와는 상관없이 남의 눈에 띄니까요. 커뮤니케이션의 60% 이상이 눈으로 이루어집니다. 좋은 인상을 주려면 무엇보다 비언어적인 부분에 신경을 써야 해요. 직장 내 효과적인 커뮤니케이션을 위해서는 평소에 표정과 태도를 관리해야 합니다."

　자기 일에 열중하던 박간결 대리가 한마디 거들었다.

　"저는 솔직해서 그런지 마음속으로는 환영하지 않으면서 미소를 지으면 상대는 묘하게도 그걸 알아채더라구요."

　"그렇죠? 말과 태도가 다르면 사람들은 태도를 믿습니다. 긍정적인 표정과 태도를 보이려면, 긍정적인 마인드로 상대를 존중해야 합니다. 상사를 대할 때는 존경심을 가져야죠."

　강 팀장은 '존경심'에 힘을 주며 말했다.

허삼봉은 뜨끔했다. 자신이 그를 존경하지 않는다는 걸 평소의 태도와 표정으로 감지하는 듯했다. 그를 존경하지는 않았지만 상사로서의 그의 실력은 인정할 수밖에 없었다.

"표정, 말투, 태도에 꾸밈이나 긴장을 버리고 남에게 따뜻함과 배려를 보여야 합니다. 미래에 대한 확고한 비전을 갖고 시간을 낭비하지 말아야 하며, 자신을 사랑하고 자신에게 진실해야 합니다. 늘 남의 말을 주의 깊게 듣고, 생각 없이 말하지 말아야 합니다."

강 팀장의 장광설을 이대로는 노트에 받아 적었다. 강 팀장은 더욱 신이 나서 계속 말했다.

"일할 때만이 아니라 쉴 때도 항상 좋은 태도와 자세를 유지해야 합니다. 근무 태도가 좋은 사람은 그것만으로도 상대에게 호감과 신뢰감을 주거든요. 반대로 자세와 태도가 나쁜 사람은 상대에게 나쁜 인상을 줄 뿐 아니라, 업무 능률도 오르지 않아요. 근무하는 동안 정확한 자세와 태도를 유지하는 것이 아름답게 보이고 업무 능률을 올리는 지름길입니다."

허삼봉 역시 얼굴 표정과 태도에서 상대의 현재 상태와 마음을 읽을 수 있다는 사실을 시인했다. 말 이상으로 목소리, 얼굴 표정과 태도, 옷차림 등이 커뮤니케이션에서 중요한 요소인 것이다.

표정을 바꾸려면 무엇보다 자신이 하고자 하는 일에 자신감을 가져야 한다. 그러면 그런 표정과 태도가 다른 사람에게 전해져 자연스럽게 호감을 줄 것이다.

자신의 일을 하찮은 일 혹은 별로 중요하지 않은 일이라고 여겨서는 안 된다. 그러면 이미지의 부정적인 면이 드러나고 다른 사람에게도 부정적인 이미지가 전달된다.

성공한 사람들의 걸음걸이는 당당하고 활기차다. 힘이 있으면서 절도가 있고, 그 속에서 건강미가 넘치며 마음 역시 건강하다. 비언어적인 요소가 많은 의미를 전하고 있음을 허삼봉은 새삼 깨달았다.

듣기, 말하기와 함께 앞으로는 회사에서 말투, 목소리, 표정이나 태도, 자세, 복장, 헤어스타일 등 비언어적인 요소에도 관심을 기울여야겠다고 다짐했다.

허삼봉의 달인 되기 프로젝트 3

얼굴 표정과 말이 다를 경우 신뢰를 얻기 힘들다.

**백 마디 말보다 동작이나 얼굴 표정이
더 많은 의미를 전달할 때도 있다**

백문이 불여일견百聞不如一見. 백 마디 말보다 한 번 보는 것이 낫다는 뜻이다. 이 사자성어는 비언어 커뮤니케이션의 중요성을 잘 표현해 준다. 귀로 전달되는 언어 메시지보다 눈을 통해 받아들이는 비언어 메시지가 훨씬 강렬하다는 것이다.

말없는 미소 하나로 많은 의미가 전달되는 경험을 누구나 한 번쯤은 했을 것이다.

비언어 커뮤니케이션이란 문자 그대로 언어를 사용하지 않고 커뮤니케이션을 한다는 뜻이다. 대표적으로는 시선과 얼굴 표정, 제스처, 복장 등이 있다.

조직 내 비언어 커뮤니케이션의 특성

▶ **조직문화가 다르면 비언어 커뮤니케이션도 달라진다**

한때 우리나라 기업을 대표하는 A기업 직원들은 멀리서 봐도 금방 알 수 있었다. 당시는 장발이 유행하던 시절이었는데 긴 머리를 싫어하는 회장 때문에 A기업 직원들은 하나같이 단발을 하고 다녔기 때문이다.

A기업과 경쟁관계인 B기업. A기업과 B기업의 차이는 직원들의 두발만이 아니었다. 두 기업을 방문해 보면 건물 입구 수위아저씨의 자세와 외부 방문객을 대하는 태도부터 직원들 복장과 사무실 배치 등에 이르기까지 다 달랐다. 이는 A와 B기업의 조직문화가 달라각 기업에서 수용하고 규범화한 비언어 커뮤니케이션도 달랐기 때문이다.

▶ 정보나 지식보다는 감정을 전달하는 데 효과적이다

귀를 통한 언어적 메시지보다는 눈을 통한 비언어적 메시지가 감정을 전달하는 데 더 효과적이다.

새로운 마케팅 전략에 대한 제안서를 발표하는 회의시간. 발표가 끝나고 팀원들 간에 의견을 교환한 후 마지막으로 팀장인 H부장의 평가를 기다린다. 그런데 H부장은 팀원들 얼굴만 한번 쓱 쳐다보고는 아무 말 없이 잔뜩 굳은 표정으로 회의장을 떠난다. 어떤 말도 하지 않았지만 침묵과 굳은 표정은 제안서에 대한 H부장의 불만을 그대로 보여주는 메시지다.

　상사의 비언어 커뮤니케이션을 잘 파악하는 부하직원이야말로 유능한 직원이다.

▶ 비언어 커뮤니케이션이 언어 커뮤니케이션과 충돌할 때 비언어 커뮤니케이션을 신뢰한다

　L은 평소 껄끄럽게 생각하는 상사와 엘리베이터 안에서, 그것도 단둘이 만났다. 어쩔 수 없이 입으로는 "안녕하십니까?" 인사하지만 자신도 모르게 눈길을 피하고 얼굴 근육이 경직된다. 상사는 벌써 간파했다. 자신의 눈을 피하고 얼굴 근육이 경직된 부하직원이 입으로 하는 반갑다는 인사가 거짓이라는 것을.

　직장생활을 몇 년 하다 보면 자신이 좋아하지 않는 동료나 상사에게 속마음을 감추면서 천연덕스럽게 호의적인 말을 건넬 수는 있다. 하지만 연기자가 아닌 다음에야 속내와 다른 얼굴 표정이나 제스처 같은 비언어 커뮤니케이션을 능숙하게 하기란 쉽지 않을 것이다.

▶ 자신의 이미지를 만드는 데 결정적인 역할을 한다

　미국 캘리포니아대 심리학과 앨버트 메러비언Albert Mehrabian 교수에 따르면, 처음 만났을 때 인지하는 이미지의 구성요소는 시각적 요소가 55%, 청각적 요소가 38%, 언어적 요소가 7%라고 한다. 사람에 대한 인상은 그 사람 말보다는 외모와 옷차림, 자세 등이 결정한다는 뜻이다. 직장에서도 마찬가지다.

당신이 상사라면 당당한 자세와 밝은 표정의 부하직원과, 항상 꾸부정한 자세와 포커페이스인 부하직원 중 누구를 더 선호하겠는가?

비언어 커뮤니케이션을 잘하기 위한 요소들

동일한 규칙과 경험이 반영되는 언어 커뮤니케이션과 달리, 비언어 커뮤니케이션은 조직문화 혹은 CEO 같은 최고 경영진의 문화 코드나 가치에 따라 판단기준이 달라진다.

따라서 누구에게나 또는 어떤 조직에서나 통하는 바람직한 비언어 커뮤니케이션 규칙을 정하기가 쉽지 않다. 예를 들면 전 직장에서는 문제되지 않은 캐주얼한 복장이 현 직장에서는 금기시될 수 있다.

외국인 경영진과 한국인 직원, 한국인 경영진과 외국인 직원이 섞이는 등 기업이 점차 다문화권으로 변화하는 세계화 시대에는 바람직한 비언어 커뮤니케이션 규칙을 정하기가 더욱 어렵다. 예를 들면 한국에서는 대화 중에 부하직원들은 상사와 똑바로 눈을 맞추기보다는 약간 낮추는 것이 바람직하다. 윗사람과 이야기할 때 눈을 빤히 쳐다보는 것은 무례하고 거만하다는 인상을 줄 수 있기 때문이다. 반면에 외국인 상사의 눈에는 한국 직원의 시선을 피하는 행위가 자신감 부족이나 뭔가를 숨기려는 태도로 비칠 수 있다.

그럼에도 어디서나 통용되는 바람직한 비언어 커뮤니케이션의 일반적인 원칙은 있다.

▶ 시선 맞추기

'눈으로 말해요'라는 노래가사도 있듯이 눈은 말 다음으로 가장 강력한 의사소통 수단이다. 시선을 맞추는 행위는 관심, 매력, 친근감, 지배, 권유, 공격성, 신뢰감 등 다양한 메시지를 전한다. 특히 대화 중에 시선을 맞추는 행위는 상호작용적 커뮤니케이션을 원활하게 해주는 윤활유 역할을 한다. 상대의 말을 잘 경청한다는 의미로 받아들여지기 때문이다.

더 나아가 시선 맞추기는 상대가 진실을 말하는지, 나를 좋아하는지 싫어하는지, 말하는 내용에 관심을 집중하는지 등 상대로부터 정보를 얻고자 할 때도 사용한다. 또한 상대를 제압하거나 위협할 때도 상대의 눈을 똑바로 쳐다본다. 하지만 상대의 반응에 관심이 없을 때, 상대를 좋아하지 않을 때, 상대의 지위가 더 높을 때는 반대로 시선을 피한다.

유력 정치인들이 기념식장에 함께 앉아 있는 사진을 신문에서 종종 봤을 것이다. 사진기자는 유력 정치인들의 사이가 좋다는 의미를 전달하기 위해 이들이 서로 마주보고 이야기하는 사진을 찍고, 반대로 사이가 나쁘다는 메시지를 전하고 싶을 때는 서로 등을 돌린 사진을 기가 막히게 잡아 찍곤 한다.

상대를 뚫어지게 보거나 자주 흘끔흘끔 보는 것은 삼가야 한다. 대화의 주도권을 잡고 있거나 최소한 그러한 의도가 있다는 느낌을 줄 수 있다. 또 상대를 존중하지 않고 공격적이며 위협적인 태도로 비칠 수도, 모욕을 주려는 의도로 보일 수도 있다.

▶ 얼굴 표정

얼굴은 마음의 거울이다. 가까운 곳에 거울이 있다면 한번 자신의 얼굴을 들여다보라. 기쁘고 행복한 일이 있으면 당장 얼굴 표정부터 달라진다. 삶이 힘들고 지친 사람은 얼굴만 봐도 알 수 있다.

하루 동안 내 얼굴을 가장 많이 보는 사람은 나나 내 가족이 아니라 직장동료와 상사, 후배직원들이다. 당신이 상사라면, 늘 밝고 건강한 표정의 부하직원과 얼굴이 항상 침울한 부하직원 중 누구를 선호하겠는가?

얼굴 표정에 가장 많은 영향을 미치는 것은 미소다. 적절한 미소는 상대에게 친근감을 주고 긴장 완화, 배려 등 긍정적인 역할을 한다. 하지만 상황에 맞지 않는 미소는 상대에게 불쾌감을 줄 뿐이다.

표리부동表裏不同. 마음이 음흉하여 겉과 속이 다르거나 말과 행동이 다르다는 뜻이다. 얼굴 표정으로 먹고사는 연기자라면 모를까, 보통사람들은 마음속 생각과 표정이 다르기가 쉽지 않다. 얼굴 표정과 말이 다를 경우 신뢰를 얻기 힘들 뿐만 아니라, 이런 행위가 반복되면 표리부동한 사람으로 평가받기 십상이다. 가장 조심해야할 태도이다.

▶ 제스처와 몸동작

첫인상을 좌우하는 것이 얼굴이라면, 첫인상에 중요한 영향을 미치는 것은 보디랭귀지, 즉 몸동작이다.

대인 커뮤니케이션에서 커뮤니케이션을 하는 사람끼리의 유사한 움직임과 제스처는 두 사람을 성공적인 커뮤니케이션으로 이끌어 준다. 특히 협상 같은 중요한 커뮤니케이션을 할 때, 상대의 제스처에 동조하는 행위도 커뮤니케이션을 성공적으로 이끄는 방법이다.

제스처와 몸동작은 호흡하듯이 무의식적으로 자연스럽게 하는 것이 중요하다. 몸동작 언어는 지나치면 경망스럽게 보인다. 그리고 가능한 한 음성 언어와 몸동작 언어를 같이하는 것이 좋다. 음성과 동작이 따로 놀면 상대에게 좋은 인상을 주지 못하고 신뢰감만 떨어뜨린다.

▶ 파라랭귀지

파라랭귀지^{Para Language}란 커뮤니케이션 중에 목소리를 통해 나온 악센트, 속도, 소리의 높낮이, 떨림, 침묵 등을 말한다. 파라랭귀지는 말하는 사람의 신뢰감과 전문성을 인식하는 데 영향을 미친다. 신뢰를 주기 위해서는 목소리가 너무 커도, 너무 작아도 안 된다. 그리고 빠른 속도로 말하는 것을 삼가는 것이 좋다. 목소리가 너무 높아도 좋지 않다. 콧소리나 숨찬 목소리도 신뢰감을 주지 못한다.

옷이 날개

"먹는 것은 자기가 좋아하는 것을 먹되, 입는 것은 남을 위해서 입어야 한다." ─ 벤자민 프랭클린

복장은 조직문화와 업무성격을 가장 잘 반영한다. 보수적인 문화

를 지닌 조직은 검은색이나 청색 정장을 선호하는 반면, 개방적인 조직은 캐주얼한 복장을 선호하는 것이 이를 잘 말해 준다.

또한 복장은 개인의 성격을 반영한다. 내성적인 성격의 사람은 얌전하고 단조로운 색상을 선호하는 반면, 외향적인 사람은 밝고 색상이 대비되는 옷을 주로 입고, 보수적인 사람은 정장을 선호한다.

요즘 대기업들은 기업 이미지를 높이기 위해 직원들 복장에까지 관심을 둔다고 한다. 덕분에 이미지 컨설팅 전문업체들이 호황을 누리고 있다.

정연아이미지테크연구소의 정연아 소장은 말한다.

"한 대기업은 임원급 이상 간부들의 패션 전략을 어떻게 할 것인지 컨설팅을 의뢰하기도 했다. 직원들의 옷차림에서부터 기업이념과 비전을 보여줘야 한다는 인식이 확산되고 있다."

■ 나의 비언어 커뮤니케이션 능력은?

① 전혀 아니다   ② 아니다   ③ 보통이다   ④ 그렇다   ⑤ 매우 그렇다

1. 대화 중에 상대와 눈을 자주 마주친다.

  □ ①   □ ②   □ ③   □ ④   □ ⑤

2. 얼굴 표정이 밝다.

  □ ①   □ ②   □ ③   □ ④   □ ⑤

3. 희로애락의 감정변화가 얼굴에 잘 나타나지 않는 편이다.

  □ ①   □ ②   □ ③   □ ④   □ ⑤

4. 상대가 말할 때 고개를 끄덕이거나 머리를 갸웃하는 등 반응을 보인다.

  □ ①   □ ②   □ ③   □ ④   □ ⑤

5. 주머니에 손을 넣거나 팔짱을 끼지 않는 등 개방적이면서도 과장하지 않은 제스처를
   적당히 취한다.

  □ ①   □ ②   □ ③   □ ④   □ ⑤

6. 서 있을 때는 자연스럽고 똑바른 자세를 취한다.

  □ ①   □ ②   □ ③   □ ④   □ ⑤

7. 흥분할 만한 주제를 말할 때도 말의 속도는 일정하다.

  □ ①   □ ②   □ ③   □ ④   □ ⑤

8. 상대의 기분이나 관심사를 살피면서 말한다.

  □ ①   □ ②   □ ③   □ ④   □ ⑤

9. 회사 동료나 상사로부터 패션감각이 있다고 평가받는다.

  □ ①   □ ②   □ ③   □ ④   □ ⑤

10. 헤어스타일에 신경을 쓰고 날씬한 몸매를 유지하려고 노력한다.

  □ ①   □ ②   □ ③   □ ④   □ ⑤

■ 결과 분석

- 40점 이상 : 비언어 커뮤니케이션 능력이 A+에 해당되는 뛰어난 사람으로, 주변에서 좋은 평가를 받을 수 있다.
- 40점 미만 ~ 35점 이하 : 당신의 비언어 커뮤니케이션 능력은 B+.
- 35점 미만 ~ 30점 이하 : 보통 이하다. 다양한 비언어 커뮤니케이션 영역에서 무엇이 문제인지 찾아 꾸준히 개선하려는 노력이 필요하다.
- 30점 미만 : 비언어 커뮤니케이션에 문제가 많다. 당신의 뒤떨어진 비언어 커뮤니케이션 능력 때문에 당신이 가진 다른 좋은 능력까지도 낮게 평가받을 가능성이 높다. 많은 노력이 필요하다.

나쁜 보고일수록 빨리 하라
지시와 보고의 커뮤니케이션

 강 팀장이 허삼봉에게 한다발유통의 비정규직 고용실태를 조사해 달라고 지시했다. 그러면서 덧붙였다.

 "시간 나는 대로 해줘요."

 나름 허삼봉을 배려한 것이었다. 조직에서 자율과 분권이 강조되는 추세라 강 팀장도 강압적으로 들리는 말투를 바꾸려고 노력했다.

 며칠 후 강 팀장은 보고서를 요구했다.

 "허삼봉 씨, 비정규직 고용실태 조사 보고서 어떻게 됐습니까? 오늘이 벌써 며칠인데 아직 보고 서류가 안 올라오죠?"

 허삼봉은 며칠 동안 감기로 몸상태가 좋지 않았다.

 "아, 저기, 오늘 제가 몸이 안 좋아서 오전에 잠깐 병원 좀 다녀왔습니다. 요즘, 정말 감기 환자들 많더라구요. 좀 독한 게 아니에요."

"아니, 보고서, 어떻게 됐냐구요! 그래서 했습니까, 못 했습니까?"

"예, 그게… 아직 못 했습니다. 팀장님이 시간 나는 대로 하라고 하셨잖아요."

강 팀장도 이 대목에선 화를 내지 못했다. 대신 헛웃음이 새어 나왔다.

"그건 좀더 부드럽게 이야기하려고 그런 식으로 표현한 겁니다. 세월아 네월아 하라고 한 말이 아니라구요!"

조직에서 지시사항에 대한 스케줄을 정해 주지 않는 건 나름 자율적으로 시간 안배를 하라는 거지, 중요하지 않으니 아무 때나 하라는 것은 아니라는 전제가 깔려 있다.

강 팀장은 답답했다. 그가 바라보는 허삼봉은 이미 입사 3년차인데도 스케줄을 일일이 간섭하지 않으면 제때 업무를 끝내지도 못하고, 보고 방법도 서툴기만 했다. 서류 하나 흡족하게 작성하지 못했다. 업무 중간중간에 보고라도 잘하면 시행착오를 막을 텐데, 보고에 대한 피드백을 줄라치면 공공연히 반박부터 하려 들었다.

'어디 가서 일 좀더 배우고 오지 그래요.'

이 말이 목구멍까지 올라오는 걸 간신히 참았다.

그 이후 허삼봉은 강 팀장이 지시하는 말들을 액면 그대로 받아들이기보다는 그 이면을 파악하는 버릇이 생겼다.

강 팀장이 두 번째 지시를 내렸다.

"비정규직 블랙리스트 좀 정리해 주세요."

이 지시가 무엇을 의미하는지 허삼봉은 알았다. 비정규직 근로자를 대거 해고하기 위한 준비과정이었다. 결국 해고자 명단을 작성하라는 것이었다.

허삼봉은 이 문제에 대해 박 대리에게 뭔가 조언을 얻고 싶었다.

"문지기를 따돌리면 결코 문 안으로 못 들어갑니다."

박 대리는 보고 요령을 말해 주기에 앞서 의미심장한 말을 했다.

문지기는 곧 강 팀장이며, 그가 허삼봉의 성공과 승진의 문으로 들어가는 열쇠를 쥐고 있다는 뜻이다.

허삼봉은 인사팀 소속인지라 직원 평가는 강 팀장이 일임한다는 것을 잘 알고 있었다. 경영자가 일일이 직원들이 어떤 일을 하는지, 그의 가치가 어느 정도인지 파악할 수 없기 때문이다. 상사를 따돌리고 승진할 수는 없다.

"자신의 실력을 과시하려 애쓰기보다 조직에 협력하면서 상사를 돋보이게 하는 것이야말로 재원으로 평가받을 수 있는 방법입니다."

박 대리의 말에 허삼봉은 구역질이 나올 것 같았다.

'부하직원으로서 나의 가장 중요한 임무가 바로 상사인 강 팀장을 돋보이게 하는 일이라구? 그럼 나란 존재는 뭐냐?'

허삼봉은 곧바로 박 대리의 말을 반박했다.

"내가 강 팀장님의 지시대로만 일하는 사람이라면, 회사에 안 좋잖아요?"

"강 팀장님의 지시는 강 팀장님 개인의 지시가 아닙니다. 강 팀장님은 결코 혼자 결정하고 지시하지 않아요. 강 팀장님도 당연히 본부장이나 경영진을 보좌하는 일을 합니다. 강 팀장님은 인사팀의 궁극적인 목표에만 집중하며, 그 목표를 달성할 효과적인 방법을 찾도록 팀원들을 격려하고, 팀원들이 그 길을 가는 동안 지원을 아끼지 않는 것입니다."

박 대리의 해명을 듣자, 허삼봉은 '내가 아는 직속상사인 강 팀장과 박 대리가 말하는 팀 리더로서의 강 팀장은 틀림없이 다른 사람'이라는 생각이 들었다. 역시 사람마다 인식의 틀이 달랐다.

그냥 강 팀장이 시키는 대로 하면 부하인 그의 맘은 편할까? 시키는 대로 한다는 것도 쉽지 않았다. 오히려 자율적인 판단에 따라 그의 방식대로 일하는 것보다 더욱 어려웠다.

"어느 직급에 있든 다음 단계의 사람들과 대치하는 진영에 끼면 다음 단계로 올라갈 수 없습니다. 상사와 부하는 같은 팀, 한 배를 탄 사람들입니다. 서로 으르렁대고 진영을 나누면 어떤 싸움에서도 승리할 수 없습니다. 모두가 지는 게임이 됩니다."

한다발 본사의 노력에도 불구하고 계열사인 한다발유통에서는 끊임없이 사고가 터졌다.

한번은 한다발유통에서 직접 만들어 파는 만두를 먹고 배탈이 났다는 소비자 불만이 접수된 적이 있었다. 한다발유통 식품사업부에서는 신입사원인 주문제에게 손님의 집을 방문해 사과하라고 지시했다. 주문제가 사과하러 가보니, 음식을 먹고 배탈이 난 것은 손님 자신이 아니라 손님이 기르는 개였다. 주문제는 손님에게 사과하기는커녕 도리어 화를 내고는 회사로 돌아왔다.

이 사건이 유비전 회장에게 보고되자 한다발유통은 더 큰 곤욕을 치러야 했다.

유 회장은 화를 내며 전화를 걸어 바로 지시했다.

"지금 당장 한다발유통 한통속 사장이 직접 손님을 찾아가 사과해."

한다발유통은 사원의 잘못이라기보다는 자사의 보고와 지시 체계 때문에 발생한 사건이라고 결론 내고, 보고와 지시 체계를 정비하는 데 오랜 시간 고심해야 했다.

그러고도 아직 복잡한 지시·보고와 결제 과정을 바꾸지 못했다. 지시·보고 과정이 복잡하니 한다발유통 직원들의 조직 참여도는 매우 낮았다. 문제가 생기면 해결안을 찾기보다는 그것이 누구의 문제인지 따지기만 했다. 만두사건은 보고와 지시 체계의 문제로 발생한 어찌 보면 대단히 사소한 사건이었다.

한다발유통의 진짜 구조적인 문제는 다른 것이었다. 계산원으로 근무하는 다수의 비정규직 여성 근로자들에 관한 문제였다. 그들은 복지 혜택도 전혀 받지 못하고 있었다.

허삼봉은 그들 중 해고자 명단을 정리해 보고서를 올려야 했다. 한다발유통에서는 비정규직 보호법 시행에 따라 그들과의 계약을 해지하고 아웃소싱으로 간접고용을 확대할 계획이었다.

허삼봉은 화장실에서 이대로에게 들은 말이 있었다.

"한다발유통의 비정규직을 해고하면 노사분규가 일어날걸?"

사내 연애를 하던 이대로의 여자친구가 노조 간부였기에 확실한 정보일 테지만, 허삼봉은 이를 강 팀장에게 보고하지 않았다. 비공식 채널인 화장실 대화는 강 팀장에게 보고 안 하는 것이 이대로와의 불문율이었다.

허삼봉은 비정규직 근로자들에게도 복지 혜택을 주어야 한다고 생각했지만 이들을 위해 할 수 있는 일은 아무것도 없었다. 그가 할 수 있는 일이라곤 자기 한몸 회사에서 살아남기 위해 상사의 지시에 순응하는 것뿐이었다.

"허삼봉 씨, 비정규직 블랙리스트 정리는 어떻게 되어 가고 있습니까?"

며칠 후 강 팀장이 뭔가 불편한 얼굴로 물었다.

"예, 진행을 하고 있는데 말씀 드린 것보다 좀 늦어질 거 같습니다."

허삼봉은 마지못해 대답했다.

"스케줄에 차질이 생기면 바로바로 보고를 해야죠. 이번 일이 얼마나 중요한데."

강 팀장은 기어이 한마디했다.

허삼봉은 서둘러 한다발유통의 블랙리스트를 작성해 강 팀장에게 올렸다.

비정규직 고용실태를 조사해 보니 해고 대상은 대부분 여성이었다. 비정규직에다 남녀차별까지 모두 짊어진 비정규직 여성은 임금이나 근로조건이 열악할 뿐 아니라 사회적 지위까지 매우 낮았다.

허삼봉은 한때 자신의 마음을 읽고 자신을 살려준 적이 있는 은둔자 유비전 회장이 이들도 살려줄 수 있지 않을까 하는 막연한 기대가 생겼다. 그러나 회장실로 뛰어 올라가지는 못했다.

"허삼봉 씨, 여기 몇 사람 명단이 빠졌죠? 블랙리스트에 오른 사유도 약한 것 같은데, 좀더 보강해 주면 좋겠어요. 미처 생각지 못한 부분에서 문제가 생길 수도 있으니까. 다시 한 번 이 명단 검토해 보고, 보완할 점은 보완해줘요."

강 팀장이 부드러운 말투로 보완을 지시했지만, 허삼봉에겐 잘 들리지 않았다. 누군가를 해고해야 한다는 것이 부담스러울 뿐이었다.

며칠 후 한다발유통은 비정규직 노동자를 대량 해고했다. 허삼봉이 만든 명단 그대로였다. 한다발유통과 비정규 노동자의 계약을 해지하는 형식이었다. 허삼봉은 해고된 사람들에게 죄스러웠다. 회사에서 살아남기 위해서는 지시한 대로 보고할 수밖에 없었다고 스스로를 위로했다.

그는 씁쓸한 마음을 떨쳐버리기 위해 이 사안을 빨리 잊어버리기로 마음먹었다. 그 방편으로 그는 시간과 장소를 가리지 않고 기회가 생기면 박간결 대리에게 보고 요령을 물었다. 박 대리는 똑똑할 뿐 아니라 친절해서 대화를 나눈다는 자체만으로도 기분이 좋아졌다.

"언제 보고하는 게 좋아요?"

허삼봉은 가장 원론적인 질문부터 시작했다.

마침 한가하던 참이라 박 대리는 흔쾌히 대답해 주었다.

"비즈니스가 초를 다투기 때문에, 보고는 수시로 하는 게 좋아요. 신입사원일 경우, 아무리 작은 일이라도 자주 보고하는 마음가짐이 필요합니다."

'난 신입사원이 아니라구요.'

허삼봉은 속으로 토를 달았지만 표현하지는 않았다.

박 대리는 간결하게 보고 시점을 정리해 주었다.

"지시받은 업무를 끝냈을 때는 확실히 보고해야 합니다. 장기간이 소요되는 업무라면 중간보고도 해야 하구요. 업무추진 방법을 변경해야 할 때도 바로 보고해야 합니다. 새로운 관련 정보를 입수했을 때도 그렇구요. 새로운 의견이 있을 때도 보고해야 하죠."

"나쁜 결과가 예상되는 보고는 어찌해야 하죠?"

허삼봉은 박 대리에게 일반적인 질문을 던졌다.

"나쁜 보고일수록 빨리 해야 합니다. 상사가 기뻐할 보고는 빨리 하지만, 상사의 찜찜한 표정을 대해야 하는 보고는 나중으로 미루고 싶은 게 사람 마음인데요. '지금은 일단 피했다가 나중에 어떻게 해보자'고 생각했다가는 돌이킬 수 없는 일을 만들게 됩니다. 실수를 했을 때나 나쁜 일일수록 빨리 보고해야 하는 게 비즈니스의 철칙입니다. 늦으면 늦을수록 해결이 힘들어지거든요. 그리고 서두를 길게 늘어뜨리거나 이유를 대는 것도 안 좋은 습관입니다. 결론을 먼저 말하고 솔직하게 사과하는 것이 좋습니다."

"저도 의견을 말하거나 주장하고 싶을 때가 있는데요."

허삼봉이 토를 달았다.

"모든 상사가 사원들의 발전적인 의견 제안을 환영하겠죠. 그러나 절차와 예의를 갖추지 않은 의견 제시는 그 내용이 아무리 훌륭하더라도 부정적으로 여겨 쉽게 받아들이지 않습니다. 의견을 제시할 때는 요점을 명확히 하고 논리정연해야 합니다. 그리고 상사가 시간적으로 충분히 여유가 있을 때 제안해야 합니다. 자기 생각만 고집하기보다는 상사의 의견을 받아들일 자세가 돼 있어야 하구요. 상사의 체면을 손상하는 표현은 절대 해선 안 돼요. 제안을 받아들이지 않더라도, 자기의 생각이 상대에게 전달된 것만으로 만족해야 합니다."

'결국 상사의 생각대로만 하려면 뭣 때문에 사람이 필요한 거야? 나도 이 두뇌로 일하는 정신근로자라구.'

허삼봉은 목구멍까지 올라오는 불평을 삭이면서 다시 일상적인 질문을 던졌다.

"행동이 굼떠서 기일 안에 지시사항을 이행하지 못하면요?"

82

사실 허삼봉으로서는 일처리가 늦어서라기보다 일부러 보고를 늦추는데, 그건 무의미한 피드백을 피하기 위한 전략이었다.

"지시받을 당시에는 어려움이 없을 것 같던 일도 실제로 추진하다 보면 의외로 시간이 걸리고 뜻밖의 난관에 부딪히기도 합니다. 그때는 그 사정을 상사에게 보고해야 합니다. 단순히 '늦어지겠습니다'고만 말하면 실격입니다. 늦는 원인이 뭔지, 얼마만큼 늦는 것인지, 어떻게 대처할 생각인지, 이 세 가지 사항을 명확히 정리해서 보고해야 합니다."

박 대리의 대답은 간단했지만, 원론적인 것을 무시하던 허삼봉에게는 큰 도움이 됐다.

엄청해 부장이나 강경한 팀장은 모두 허삼봉의 상사였다. 직속상사인 강 팀장 말고 가끔 차상급자인 엄 부장이 그를 따로 불러 별도로 지시하곤 했다. 이처럼 지시가 겹칠 때는 어떻게 해야 하는지 박 대리에게 물었다.

"무슨 일을 먼저 처리해야 하는지 확인하고 추진해야 합니다. 직속상사에게 일을 지시받은 상태에서 다른 부서의 상사로부터 업무 협조 요청을 받으면, 상사의 직위가 높든 낮든 나중에 지시한 상사에게 사정을 말하고 조정받아야 합니다. 결코 마음대로 일의 우선순위를 정해서는 안 됩니다."

"때때로 직속상사인 강 팀장이 안 계실 때 다른 부서 상사로부터 지시를 받기도 하는데요. 그때는요?"

"직속상사가 부재중이거나 급한 사정이 있어서 직속상사가 아닌 타 부서 상사의 지시를 받을 때도 있죠. 타 부서 상사의 지시라고 해서 지시사항을 소홀히 하면 자기뿐만 아니라 직속상사의 입장도 곤란해지고, 더 나아가서는 소속팀에까지 누를 끼치니까 특히 주의해야 합니다."

"이전에 경영전략팀에서 온 협조공문을 제가 처리하지도 못하고, 미처 전하지도 못한 적이 있어요."

"조직에서는 조그마한 업무상의 연락을 잘못해 큰 낭패를 불러오는 경우가 많습니다. 아무리 작은 연락이라도 '즉각적으로, 상세히, 그때그때' 하는 것이 기본입니다. '일부러 전화할 필요 없이 내일 만나서 전하자', '다음주에 모아서 전하면 된다'는 식은 상대에 대한 배려가 아닙니다. 아무리 나쁜 뜻이 없었다 해도 연락을 못 받아 업무 차질이 생겼다면, 서로의 믿음에 금이 갑니다. 팩스로 들어온 업무협조문이나 결재서류를 자기 일이 바빠 책상 위 잡동사니 틈에 끼워놓은 채 잊어버릴 때도 있습니다. 자신이 처리할 수 없는 일이라면 받은 즉시 다른 사람에게 부탁해야 합니다. 이렇게 팀 간의 횡적 연락이 아주 중요하죠. 회사에서 일어나는 갈등이나 불화의 원인을 분석해 보면 뜻밖에 업무 연락의 실수 때문일 때가 많아요."

허삼봉은 보고 요령에 대해 조금은 알 것 같았다. 회사생활은 보고만 잘하면 만사형통인 것으로 보였다.

박 대리의 적절한 코치로, 그는 박 대리와 신뢰관계가 만들어진 것을 느꼈다. 커뮤니케이션은 이렇듯 신뢰관계를 만들기도 하고, 때로는 나쁘게 만들기도 한다.

퇴근 후 자취방으로 돌아온 허삼봉은 〈한다발사보〉를 읽기 시작했다. 김흥기라는 외부필자가 쓴 어떤 글이 눈에 띄었다. 유익한 글이었다. 강 팀장에게도 읽어 보라고 권하고 싶어졌다.

회사 내 상사와 부하 사이의 커뮤니케이션은 대부분 부하가 데드라인 안에 과제를 달성하도록 지도하고 도와주기 위한 지시다. 이때 애매하고 부정확하게 말하면 무엇을 언제까지 해야 하는지 부하직원이 잘못 알아들을 수도 있다. 그러나 정확히 말해야 한다는 것이 마구 부려먹어도 된다는 의미는 아니다.

부하직원과 상사는 업무 달성이라는 동일한 목표에 함께 초점을 맞추고 커뮤니케이션을 해야 한다.

현대사회에서는 명령에 무조건적인 복종을 기대하지도, 원하지도 말아야 한다. 사실 지시와 보고라는 수직적 커뮤니케이션이 일방적으로 이루어지는 것은 문제가 있다. 부하직원의 무조건적인 복종이 아니라 신념에서 우러난 행동이 훨씬 더 좋은 결과를 가져오기 때문이다.

사람은 누구나 남에게 지시받는 것을 좋아하지 않는다. 스스로 생각하고 행동하기를 좋아한다. 스스로 행동하기를 좋아하더라도 지시와 보고라는 커뮤니케이션 없이는 부하와 상사의 관계도 없다. 조직은 지시와 보고에 따른 커뮤니케이션으로 움직이기 때문이다.

사람들은 스스로 선택하거나 자신이 충분히 납득할 만한 일을 할 때 최선을 다한다. 그러기에 상사의 지시는 부하직원이 납득할 수 있는 논리적인 것이어야 한다.

사람은 누구나 남에게 인정받고 칭찬을 듣고 싶어한다. 먼저 상대를 인정해 주어야 설득할 수 있다. 꾸짖기보다는 인정하는 말을 자주 해줘야 한다.

설득을 잘하려면 감성적 지능을 개발해야 한다. 인간의 감정은 이론만으로는 설명할 수 없다. 남을 설득하려면 논리와 감정의 균형을 맞추어야 한다. 이성과 감성의 줄다리기를 잘해야 한다. 지나치게 이성적으로 설득하면 반발심이 생기고, 반대로 감성적으로만 치우쳐도 거부감을 일으킨다. 이성과 감성을 조절하는 능력이 필요하다.

사람들은 어떤 결정을 할 때 이유를 알고 싶어한다. 의미를 알려주어 흥미를 돋우고, 전체를 볼 수 있는 눈을 키워주며 비전을 보여줘 스스로 하고 싶다는 마음이 들게 해야 한다.

진정한 설득은 어떤 압력 때문이거나 독특한 기법에 의한 것이 아니다. 상호 이해가 전제되어야 한다. 설득하려면 상대의 가장 가려운 부분을 긁어 주어야 하는데, 문제는 사람들마다 가려운 부분이 다르다는 것이다. 그래서 상대의 일이나 현재 처한 상황을 먼저 이해해야 진정으로 설득할 수가 있다.

설득할 때 '이것이 옳기 때문에 당신은 반드시 따라야 한다'는 당위성을 부하직원에게 인정받아야 한다. 지시를 위한 설득의 첫 단추는 부하직원이 '정말 그렇다'고 받아들이도록 확신을 심어주는 것이다. 부하직원이 스스로 납득했을 때 비로소 자발적으로 일에 동참한다.

상사가 부하의 고유한 업무까지 꼬치꼬치 지시하는 것은 별로 바람직하지 않다. 지시할 때는 세세한 부분까지 일일이 지시하느라 말을 많이 하는 대신, 부하직원이 자신의 능력 안에서 스스로 독립적인 사고를 하도록 시간을 주어야 한다.

혼자 말하고 지시하는 상사는, 단순히 연산능력을 갖춘 컴퓨터에 운영 지시를 하는 프로그래머가 되는 편이 낫다.

그렇다고 부하직원을 그냥 일하도록 내버려두라는 것은 아니다. 부하직원이 우둔하게 일하도록 내버려두는 상사는, 부하의 고유한 업무까지 꼬치꼬치 지시하는 상사보다 더 나쁘다.

피드백이라는 마술

긍정적 피드백과 부정적 피드백

강 팀장이 나눠 준 엽서 크기만한 프린트물에는 다음과 같이 쓰여 있었다.

오늘 신원조회 업무 때문에 인사팀의 박간결 대리와 통화했습니다. 신원조회 대상자에 대한 빠른 조회와 본적지 변경안내, 현재 본적지 등을 친절하고 신속히 안내해 주신 덕분에, 제가 업무를 원활하게 처리할 수 있었습니다. 직장생활을 하면서, 일면식도 없는 상대에게 오늘 같은 친절한 전화 안내를 받아보기는 처음이었습니다. 유능하고 재치 있는 박 대리님

―한다발유통 임경아

이것은 (주)한다발의 칭찬 게시판에 게시된 글이다. 당사자인 박간결 대리에게는 이메일로 발송되었다.

강 팀장이 박 대리에게 축하한다는 말과 함께 유 회장이 준 것이라며 책을 한 권 건네주었다. 인사팀 모두는 축하의 박수를 쳤다.

박 대리는 공인 '알파 걸$^{\alpha\text{-girl}}$'이다. 자기 일에 열정이 있고 늘 자신감이 넘쳤다. 합리적인 일처리로 강 팀장뿐 아니라 다른 상사들의 신뢰를 독차지하고 후배들에게도 적극적인 지지를 받았다.

칭찬받은 박 대리는 멋쩍어했지만 싫지 않은 기색이었다.

인사팀에서 운영하는 '동료 칭찬 프로그램$^{Peer\ Recognition\ Program}$'인 이 제도는, 직원들이 일을 잘 처리한 동료를 뽑아 카드나 이메일로 칭찬하고, 회사는 칭찬을 많이 받은 직원에게 작은 선물을 전달하는 형식이었다.

책의 맨 앞장에는 증정의 말이 회장 친필로 쓰여 있었다.

박간결 님이 우리 회사의 CEO$^{Chief\ Eulogy\ Officer}$가 되어 주십시오.

―유비전

박 대리는 유 회장이 직접 쓴 이 글을 보자 갑자기 기분이 좋아지고 열정이 솟구치는 느낌이었다. 자신도 언젠가는 진짜 CEO^{Chief Executive Officer}가 될지 모른다는 생각도 들었다.

칭찬 게시판은 2년 전부터 유 회장의 지시에 따라 운영하기 시작했다. 월급쟁이 사기진작에 가장 좋은 방법은 월급을 올려주는 것이지만, 현실적으로 충분히 월급을 인상해 줄 수 없다면 직원들끼리 서로 업무성과를 칭찬함으로써 사기를 높이자는 것이었다.

"사람들이 돈보다 더 원하는 것이 두 가지 있지. 그건 바로 공식적인 칭찬과 격려야."

유 회장이 자주 하는 말이었다.

칭찬하는 분위기가 점점 확산되어 갔고, 칭찬 프로그램은 회사의 개입이 적을수록 효과가 더 커진다는 사실도 알게 되었다.

칭찬 피드백은 회사에 활기를 불어넣었다. 온라인 칭찬 프로그램까지 도입했고, 칭찬 게시판에 직원이면 누구나 동료를 칭찬하는 글을 쓸 수 있도록 했다. 칭찬 게시글이 올라감과 동시에 당사자에게도 바로 칭찬 메일이 발송되었다. 또한 유 회장이 직접 마련한 작은 선물도 주었다. 그러자 직원들의 칭찬 캠페인 참여도가 무척 높아졌다.

그런 작은 칭찬 프로그램으로 박 대리의 사기가 오르고 기분 좋아하는 것을 인사팀 모두 목격했다. 박 대리의 들뜬 기분이 가라앉자, 강 팀장은 칭찬에 대한 에피소드 하나를 들려주었다.

"진실한 칭찬은 사람의 삶을 바꾸죠. 경영의 귀재로 불리는 GE 전 회장 잭 웰치는 어릴 때 심한 말더듬이로 주변의 놀림을 받았다더군요. 하지만 그의 어머니나 가족은 '너는 가문을 빛낼 대들보야', '착하고 똑똑하니까 분명 훌륭한 어른이 될 거야', '네가 말을 더듬는 건 생각의 속도가 너무 빨라 입이 그걸 따라가지 못하기 때문이야. 걱정하지 마라'며 칭찬을 아끼지 않았답니다. 밖에서 위축될 대로 위축된 그의 마음은 활짝 펴지고 자부심이 되살아났죠. 오늘날의 잭 웰치를 만든 건 바로 인정과 칭찬이란 말씀입니다."

신입사원이 회사에 적응하도록 돕는 방법으로 칭찬 피드백은 꽤 유용했다. 신입사원은 자신의 행동이나 일에 대한 피드백이 없으면 그게 옳은지 어떤지 의문이 들고 조바심이 난다.

그러므로 조직에서 바람직하지 못한 행동을 하지 않도록 돕는 부정적 피드백과 바람직한 행동을 하도록 돕는 긍정적 피드백을 주어 자신의 행동을 스스로 통제할 수 있게 도와야 한다. 긍정적 행동에는 지지하는 피드백을, 부정적 행동에는 교정하는 피드백을 해준다.

살아 있음을 느끼려면 역시 피드백이 있어야 한다. '이런 행동은 계속 해야겠다', '더이상 이런 말은 하지 말아야겠다'는 생각은 피드백이 있을 때 가능하다. 피드백을 주고받는다는 것은 서로에게 관심과 애정이 있다는 의미이기도 하다.

허삼봉도 피드백에 대해 잠시 생각해 보았다. 그의 인생에 큰 영향을 준 사람들은 그 영향력이 얼마나 큰지 모를 것이다. 다른 사람이 그에게 준 가장 큰 영향은 피드백으로부터 생겼기 때문이다. 회사에서 자신의 말이나 생각대로 행동하는 것이 올바른지 어떤지 상사나 동료의 피드백이 있어야 알 수 있었다.

누군가를 부를 때 목소리의 크기나 거기에 실린 감정에 따라 상대의 대답이 천차만별인 것처럼, 상대에게 어떻게 피드백을 하느냐에 따라 상대의 태도와 행동도 달라질 수 있다.

허삼봉은 피드백에 대해 이런저런 생각을 하다 보니 문득 떠오르는 사람이 있었다. 한다발유통의 매장관리팀 한심한 부장. 그는 지지하는 피드백인 칭찬보다는 학대하는 피드백에 능한 사람이었다. 한 부장은 상사란 지위와 위엄을 가진 사람이라고 믿고 부하에게 거드름을 피웠다. 부하직원이나 아르바이트생들을 무시하고 파트타임 여성에게 호통을 치며 강압적으로 일을 시켰다. 함께 일하는 사람들은 어쩔 수 없이 한 부장의 말을 따랐지만, 뒤에서는 일손을 놓고 부당함을 성토했다. 결국 매장관리팀은 하나둘씩 숙련된 인력이 빠져나갔고, 매번 한다발 인사팀에 충원을 요청해 왔다.

허삼봉은 칭찬 피드백을 주려다가 당황했던 일도 떠올랐다. 마케팅팀 여진 과장에게 팀원의 업무평가서를 받으러 갔던 때였다. 직원 업무평가서는 모든 팀장이 의무적으로 인사팀을 통해 회사에 제출하게 돼 있다. 마케팅팀의 업무평가서는 무척 깔끔하게 잘 정리되어 있었다. 허삼봉은 칭찬의 기회가 왔다고 생각했다.

남의 좋은 면을 보면 당연한 것이라도 칭찬해야 한다. 꼭 자신에게 이익이 되는 일이 아니더라도 좋은 일을 한 그 순간에 곧바로 칭찬해야 한다. 그래서 허삼봉은 여 과장에게 이렇게 칭찬의 말을 건넸다.

"역시 여자 분이라 다르시네요. 업무평가서가 무척 깔끔해요."

"지금 그거, 칭찬이세요?"

여 과장은 기분 상한 표정을 지었다.

"에?"

허삼봉은 여 과장에게 고맙다는 말을 들을 줄 알았다. 하지만 남녀평등을 몸소 실천하는 해외유학파 여 과장에게 '여자라서 다르다'는 말은 전혀 칭찬이 아니었던 것이다.

'역시 커뮤니케이션은 어려워.'

허삼봉의 어깨가 축 처졌다. 하지만 다시 칭찬 피드백에 도전하기로 마음먹었다. 다른 사람에게 칭찬과 격려의 피드백을 하기 힘들다면 자신에게 먼저 적용하면 된다. 그는 자신을 오랫동안 칭찬하지 못했다는 생각이 들었다.

자기 자신이 가장 사랑스러운 존재 아닌가. 스스로도 칭찬한 적이 없는 사람을 그 누가 칭찬해 주겠는가. 자신을 칭찬할 줄 모르는 사람이 어떻게 남을 칭찬하겠는가.

허삼봉은 지난 3년을 돌아보았다. 실수도 많았지만 그동안 잘 견뎌 온 자신이 대견했다. 한편으론 아쉬운 일도 많았다. 인사팀의 문서는 죄다 허삼봉이 만들어왔지만 느는 건 파워포인트 기술과 내용

채우기 요령, 짜증뿐. 비슷한 내용의 문서를 반복해서 만들다 보니, 일을 하기 위한 문서를 만드는 것인지, 문서를 위한 문서를 만드는 것인지 의구심이 들기도 했다.

열심히 일했는데도 남에게 칭찬 한마디 못 들어 보고 3년이란 세월이 흘렀다니, 허삼봉은 왈칵 눈물이 쏟아졌다. 급히 화장실로 달려가 소리 내어 울었다. 울고 나니 속이 후련했다. 앞으로는 잘했다고, 훌륭하다고, 스스로 칭찬해야겠다 싶었다. 자신을 칭찬하는 순간, 자신감이 되살아나는 느낌이었다.

허삼봉도 상사로부터 칭찬과 격려를 듣고 싶었다. 그러나 3년 동안 그에게 돌아온 피드백은 잘못에 대한 지적, 질책과 꾸지람뿐이었다. 물론 회사에서는 칭찬과 격려만 들을 수는 없다. 잘못한 일이라면 호된 꾸지람도 들어야 한다. 상사는 부하직원의 부족한 점을 말하고 교정하는 피드백을 줄 수 있다.

강 팀장의 시각에서는 허삼봉이 칭찬할 게 하나도 없는 문제사원일지도 모른다. 화장실에서 강 팀장 흉이나 보고 자신이 무슨 잘못을 했는지는 생각지도 않는 직원일 테니까. 강 팀장에게 직접 물어보지 않아도 너무 뻔했다. 그동안 자신이 저지른 실수가 얼마나 많은가.

허삼봉은 강 팀장이 자신에 대한 업무평가를 어떻게 내릴지 대충 알 것 같았다.

'허삼봉은 지시를 내려도 머릿속에 딴생각이 가득하다. 부하직원이라면 항상 귀를 열어두어야 하는데 제대로 듣지도 행동하지도 않는다. 또 상습적으로 지각한다. 게다가 혼자 자취하면서 조금이라도 퇴근시간이 지체되면 안절부절 못한다. 출근은 늦었더라도 퇴근시간은 정확히 지킨다. 애써 만들어 놓은 화목한 팀 분위기를 단번에 망가뜨리는 재주가 있다. 자신의 좋은 점만 보기를 바란다. 언제든 떠날 준비가 돼 있는 철새 같다.'

사실 허삼봉은 강 팀장이 생각하는 그런 직원은 아니었다. 만일 그렇다면 그토록 어렵게 이 회사에 들어오지도 않았을 것이다.

강 팀장이 늘 적절한 피드백을 주는 것은 아니었다. 때로는 터무니없는 질책을 하기도 했다. 무의미한 피드백이었던 것이다.

그때도 허삼봉은 감정적으로 대응하지 않고 되물었다.

"그 말이 무슨 뜻인지 다시 설명해 주시겠습니까?"

그렇게 되묻는 방법은 꽤 효과가 있었다.

그의 말에 강 팀장은 무의미한 피드백을 중단하고 납득할 수 있도록 건설적인 대화로 전환했다. 그러는 사이 허삼봉도 이후의 대응전략을 생각할 시간적 여유를 얻을 수 있었다. 더불어 대화의 주도권을 장악함으로써 강 팀장의 질책에 더이상 끌려가지 않았다.

물론 이렇게 되묻는 방법이 모든 상황에서 통하는 것은 아니었다. 발표나 회의를 하는 자리에서 되묻기 전략을 썼다가 상대가 중간중간 끼어들어 주도권을 빼앗긴 경우도 있었다. 물론 발표도 엉망이 되었다. 상대가 의미 있는 대답을 할 수 없을 만큼 정신이 흐리고 판단력이 떨어졌을 때도 되묻기 전략은 피해야 했다.

사람들은 상대의 장점과 단점에 대한 피드백보다 뒷담화에 더 많은 에너지와 시간을 쓴다. 왜 저 사람은 저 모양일까. 우리 상사는 어쩌면 사람이 저럴 수 있을까… 당사자가 없는 데서 신나게 그 사람 흉을 보지만 막상 그 사람 앞에서는 아무 말도 하지 못한다.

피드백이 없으면 상황이 나아지지 않는다. 뒷담화는 상황개선에 전혀 도움이 되지 않는다. 사람은 피드백을 주고받으면서 기쁨도 느끼고 인정받는다는 생각도 하며, 또한 그것을 통해 행동의 변화도 일으킨다.

상대가 갑작스러운 태도 변화를 보이거나 서로의 관계가 삐걱거릴 때, 상대에게 그 원인이 있다고만 생각하지는 말아야 한다. 자신의 행동과 말이, 자신이 내린 상대에 대한 평가와 피드백이 어땠는지 되돌아볼 줄 알아야 한다. 자신에 대한 솔직함이 정체성을 굳건하게 한다. 자신에 대한 솔직함을 바탕으로 한 타인에 대한 솔직함이 마음의 문을 여는 열쇠가 된다. 마음을 열면 진정한 소통에 이르는 선순환이 시작된다.

바쁜데 짜증나시겠지만

다른 부서나 조직과의 커뮤니케이션

한다발유통 공동투쟁본부 노조원들이 비정규직 직원들이 해고된 것과 관련, 시위를 하다 경찰과 심한 몸싸움을 벌였다. 부모와 동생까지 돌보아왔다는 한다발유통의 한 여성 해고직원은 "기업이 힘없는 직원들을 이처럼 어이없이 거리로 내몰 수 있느냐…"며 눈물을 쏟았다.

허삼봉은 한다발유통 비정규직 문제를 다룬 신문기사의 일부를 읽고는 가슴이 뜨끔했다. 그가 해고한 것은 아니다. 그 역시 살아남기 위해 최선을 다했을 뿐이다.

'화합경영', '상생 경영'을 부르짖던 유비전 회장의 경영 스타일이 언론의 표적이 되기 시작했다. 한 신문은 사설에서 '대다수의 기업이 비정규직보호법 시행을 앞두고 비정규직을 정규직으로 대거 전환하는 분위기 속에서 법 시행 직전에 수백 명을 선별해 감원하는가 하면, 퇴직 직원들에 대해 소송을 남발하는 등 무리한 경영 행태를 보이고 있다'고 썼다.

한다발유통에서는 비정규직 직원 가운데 2년 이상 근무한 사람을 대상으로 이 가운데 팀장이나 지점장이 추천하고 업무평가가 양호하며 면접을 통과한 직원들만을 채용했다. 회사 내부에서 다시 화이트리스트, 블랙리스트 논쟁이 불거지기 시작했다.

한다발유통의 노동조합은 매장 점거농성에 들어갔다. 그러나 한통속 사장은 이를 불법파업으로 간주하고 "노조의 불법행위는 어떤 경우에도 용납할 수 없다"는 입장을 밝혔다.

한다발유통은 농성 참가 노조원들에 대한 '복귀 시한'을 못 박고, 이후 농성 노조원들에게 인사상 불이익은 물론, 민·형사상 책임을 지우겠다고 했다.

노조는 "전국 한다발유통 매장 점거 이후 불매운동을 펼치겠다"고 선언했다.

본사인 (주)한다발에서는 가능한 한 비정규직을 정규직으로 전환하여 끌어안아야 한다는 의견과 한다발유통 노조의 불법파업에 강경하게 맞서자는 의견이 대립되었다. 한다발 창업 이래 최대의 위기였다.

강 팀장이 급히 허삼봉을 찾았다.

"허삼봉, 회사 일은 혼자 하는 것이 아니지?"

'내가 뭐 어린앤가.'

허삼봉은 대답할 필요도 못 느꼈다. 그래서 눈빛으로 계속 말하라는 신호를 보냈다.

"새로운 프로젝트 때문에 임시 조직을 만들게 됐다. 새로운 프로젝트란 회장님 지시로, 시대를 앞서가는 한다발의 노사대립 없는 새로운 경영전략을 수립하고 조직문화를 만드는 일이다. 계열사에서도 간부급이 모두 참여하는 프로젝트야. 뉴비전 프로젝트팀은 경영전략팀이 중심이 되고 홍보, 마케팅, 머천다이징, 인사팀에서도 한 사람씩 팀원으로 참여해야 해. 물론 소속이 바뀌는 건 아니야. 허삼봉 씨가 적임자라고 생각하는데…….."

강 팀장의 지시를 안 따를 이유가 없었다. 허삼봉이 얼마나 바라던 일인가. 그는 입사 이래 일다운 일을 해보기 위해 참고 참으며 3년을 기다렸다. 한다발그룹에서는 새로운 조직 커뮤니케이션 시스템을 정착하기 위한 비전을 세우고, 관행을 깬 인사조직 개편도 전격적으로 할 것이라는 소문이 돌았다.

허삼봉은 기쁜 마음을 억누르며 확인차 다시 물었다.

"그동안 진행하던 '비즈니스 매너' 교육과정은요?"

강 팀장 대신 박 대리가 대답했다.

"그건 저 혼자 해도 별 무리가 없습니다. 이미 1차 기획서가 강 팀장님을 거쳐서 엄 부장님께 올라간 상황이구요. 교육과정 개발이 끝나면 온라인으로 교육합니다. 다른 전문강사와 전문회사에 아웃소싱하기로 했으니, 전혀 문제될 것은 없습니다."

허삼봉은 맥이 빠졌다. 그래서 새로운 프로젝트팀에 투입되기를 더욱더 강렬히 원했다. 그러나 그가 모처럼 일다운 일을 맡았다고 기뻐한 시간은 잠깐이었다.

우선 그는 다른 부서와 협력을 위한 수평적 커뮤니케이션에 서툴렀다. 상사와 부하의 관계가 아닌 다른 부서나 회사 사람들과 협업으로 공동의 업무를 진행할 때는 지시나 명령이 통하지 않았다. 지시, 명령과는 다른 커뮤니케이션 방식이 필요했다.

프로젝트팀이나 비전이라는 개념 자체가 그에게는 낯설었다. 뉴 비전 프로젝트팀에 합류하면서 문제들이 시작되었다.

허삼봉에게 경영전략팀의 팀장이자 이번 프로젝트팀의 팀장인 엄려마 부장과의 커뮤니케이션 문제는 최대의 난관이었다. 엄 부장과는 도무지 대화가 되지 않았다.

엄 부장은 허삼봉을 만나자마자 처음부터 거침없이 반말을 했다.

"야, 허삼봉! 인사팀엔 그렇게 인재가 없냐, 너를 보내게?"

허삼봉의 얼굴이 벌겋게 달아올랐다.

"어쩜 저렇게 사람 마음을 다독일 줄 모르는지."

괜히 주변에 있는 직원들이 더 민망해서 구시렁거렸지만 염 부장은 개의치 않았다. 염 부장은 자기 팀인 경영전략팀의 직원에게도 "나겸손 씨는 뒷심이 없다"는 둥, "윤배려는 사람 말귀를 못 알아듣는다"는 둥, "밥값을 못하는 사람은 내보내겠다"는 둥 내키는 대로 말했다.

그는 사실과 잘못된 행동을 놓고 핵심만 가려서 상대에게 피드백하는 것이 아니라, 인격이나 실력 운운하며 단정하고서는 거침없이 가학적인 말을 내뱉었다.

아랫사람에게는 늑대 같고, 윗사람에게는 순한 양인 타입은 아니었다. 부하직원뿐 아니라 염 부장의 상사인 몇몇 경영진도 그의 거친 표현을 싫어했지만 직책이 직책인지라 그냥 참고 넘겼다.

염 부장은 탈모증이 있는 중역에게 "앞이 훤하십니다" 하며 깍듯이 인사하거나, 살이 쪄 고민인 직원에게 "왜 이렇게 몸이 불었어?"라고 묻기도 했다.

'저런 사람이 직속상사라면 당장 직장 때려치우겠다.'

모두가 그렇게 생각했지만 막상 그만두는 사람은 없었다. 그런 상사에게도 익숙해지면 나름대로 대처방법이 생기기 마련이다.

직원들 사이에서는 구조조정 대상 1호였지만, 경영진에서 염 부장을 평가하는 시각은 달랐다. 유 회장이나 경영진은 "염 부장이 그래도 카리스마는 있단 말이야"라고 판단했다.

말이 거칠기는 했지만 염 부장은 까다로운 완벽주의자였다. 그는 생판 모르는 허삼봉에게 어떻게 하라는 사전교육도 없이 일방적으로 강압적인 지시만 했다. 정중한 태도로 요청하면 더욱 성과가 있으련만 수평적 사고에는 익숙하지 못한 탓이다.

염 부장은 허삼봉에게 한꺼번에 열 가지 것을 요청하면서도 메모할 짬조차 주지 않고 자기 할 말만 하고는 휙 가버렸다. 하지만 질문은 절대 금지였다. 허삼봉이 질문하자, "질문은 다른 사람에게나 해"라고 말하고는 바로 돌아서는 사람이었다.

여러 팀이 협업으로 공동의 업무를 진행하는 이유는, 보다 효율적으로 산출물을 내고자 하는 것이다. 그렇기에 업무협력이 긴밀한지 어떤지에 따라 산출물의 결과와 진행속도가 달라질 수 있다. 물론 참여자 모두 자신의 말이나 일에 책임을 지는 자세가 필요하다. 업무요청이나 부탁을 할 때는 상대를 먼저 생각하고 배려해야 한다.

공동 프로젝트를 진행하기 위해서는 타 부서의 핵심 업무나 역량을 알아야 했다. 때로는 평소에 잘 알고 친한 관계가 업무협력에는 전혀 도움이 안 될 때도 있었다. 친하다는 이유로 말을 함부로 해서 상대의 기분을 상하게 하기 때문이었다.

허삼봉은 업무협력 요청을 잘하려면, 평소 직장 내에서 가벼운 대화를 할 때도 수위를 조절하고 자신의 이미지를 지켜야 한다는 생각이 들었다. 그러면서 사내 인간관계를 두텁게 쌓을 필요가 있었다.

공적인 것과 사적인 것은 분명히 선을 그을 필요도 있었다.

"이 대리님, 제가 부탁드렸던 통계자료, 아직 안 됐나요?"

허삼봉은 아침 내내 염 부장의 타박을 받고 잔뜩 주눅 든 목소리로 재무팀 이기적 대리에게 물었다.

"아 진짜 바빠 죽겠는데……. 조금 이따 해줄게요."

이 대리가 까칠한 목소리로 마지못해 대답했다. 이 대리에게 부탁한 지 벌써 한 주가 다 되어 갔다. 재무팀 자료를 받아야 일을 진척시킬 수 있는데, 이 대리는 바쁘다는 핑계로 며칠째 미루기만 하고 있으니 허삼봉은 답답하기만 했다. 그렇다고 염 부장에게 보고하자니 좀 치사한 기분이 들었다. 물론 허삼봉 편을 들어줄 염 부장도 아니었다. 그저 변명이 될 뿐이었다.

"그럼 정확히 언제쯤 주실 수 있는지라도 알려주시면 안 될까요?"

이번엔 허삼봉도 뭔가 확답을 받고 싶었다.

"허삼봉 씨! 지금 마감하는 거 안 보이세요? 조금 이따 준다잖아요!"

이 대리는 허삼봉을 쳐다보지도 않고 모니터를 응시한 채 신경질적으로 쏘아붙였다. 사실 최근 마감 때문에 야근을 자주하는 이 대리에게 허삼봉도 채근하기가 쉽지 않았다. 게다가 상대는 자신보다 직급이 높은 대리이다 보니 더욱 어려웠다.

아무 말 못하고 돌아서는 허삼봉의 뒷전으로 짜증스런 이 대리의 목소리가 들려왔다.

"바빠 죽겠는데 무슨 경영전략을 바꾼다고 사람을 괴롭히고 그래.”

다른 부서와의 업무협조와 합의를 이끌어내는 과정은 지시로만 되는 것이 아니다. 우선 목표에 대한 충분한 이해가 필요하다. 서로 목표 성취에 대한 타당성을 합의한 후 팀 간의 협상이나 협조요청을 위한 수평적 커뮤니케이션 능력이 필요하다.

수평적 커뮤니케이션의 효율성을 높이기 위해서는 조직 내 커뮤니케이션 스타일을 규칙으로 정해야 했다. 예컨대 업무협조를 요청할 때, ‘반드시 도움이 필요한 사항’, ‘도움은 필요하지만 지금 당장은 아닌 사항’, ‘스스로 해결할 수 있는 사항’ 등으로 구분하여 최대한 타인의 시간을 빼앗지 말아야 한다.

지금은 인터넷 시대라 많은 조직이 메신저로 회의하고 업무를 추진하기도 한다. 이런 커뮤니케이션 방식은 자리를 옮기지 않고도 커뮤니케이션이 가능하므로 시간을 절약해 효율적이다. (주)한다발에서도 경영정보화 덕분에 점차 단순반복적인 일은 감소하고, 대인 접촉보다는 컴퓨터 접촉을 통한 업무협력이 증가하는 추세였다.

허삼봉도 새 프로젝트팀의 회의를 메신저로 하자고 염려마 부장에게 건의했다.

“허삼봉, 너 모처럼 좋은 아이디어 냈다. 근데 조직에서의 커뮤니케이션에서 과연 효율성만이 전부일까? 직장에서 전화, 핸드폰, 메신저나 이메일을 통해 진행하는 대화방식은 갈등의 씨앗이 되기도 해. 이런 대화방식은 서로의 얼굴이나 표정을 볼 수 없기 때문에 책임전가의 수단으로 쓰이기도 하지. 표정을 못 보니 상대의 마음을 알 수 없고. 메시지를 전달하는 것이 아닌 책임을 전가하는 소통이 과연 생산적일까?"

"……."

"메신저나 전화로 하는 대화는 내용을 전달할 때는 유용하지만 마음이나 감정 교류에는 부족한 커뮤니케이션 방식이야. 더구나 우리는 노사상생 경영을 위한 새로운 조직문화를 만들어야 하거든. 더더욱 마음의 교류가 필요하지."

염 부장의 대답을 듣고, 허삼봉은 놀랐다. 자기만이 디지털이나 비언어 커뮤니케이션에 대한 노하우가 있다고 생각했는데 뜻밖에도 염 부장이 장단점까지 정확히 파악하고 있다니, 뒤통수를 한 대 맞은 기분이었다.

하긴 인터넷 덕분에 직장생활이 편리해졌지만, 분명 세대 간 갈등의 원인이 되기도 한다. 상대가 업무협력을 위해 말을 걸어오는데도 컴퓨터 모니터를 바라보면서 건성으로 대답하면 무시당하는 기분이 든다.

이러한 대화방식은 서로 간에 갈등을 만들고 심화한다. 상대가 충분히 의견을 표현할 때까지 돌아다니면서 듣거나 책상 서랍을 뒤적이는 행위, 옆자리 동료와 잡담을 나누는 행동은 삼가야 한다. 사람과 대화할 때는 역시 시선을 마주쳐야 마음이 열린다. 시선을 자연스럽게 상대의 시선에 두고 들어줄 때, 상대도 자연스럽게 어떤 사안이든 말할 수 있다.

다른 회사나 부서에 업무를 요청하기 전에 먼저 점검해야 하는 것은 역시 자기 자신이라고 허삼봉은 생각했다. 자신이 한 말에 반드시 책임을 질 줄 알아야 한다. 책임을 지려다 보면 자연스럽게 업무에 대한 책임감도 높아질 뿐 아니라 업무성과도 좋아질 수밖에 없다. 약속한 것에 책임을 지는지 어떤지를 보면 그 사람의 됨됨이까지 알 수 있다. 허삼봉은 팀원 각자의 사람됨이 업무성과에 영향을 끼친다는 사실도 알게 되었다.

대개 제때 일을 처리하지 못하는 것은 역량이나 시간이 부족하기 때문이다. 하지만 때로는 업무 자체를 깜빡 잊기 때문이기도 하다. 빨리 처리할 수 있는 일임에도 불구하고 진행 중인 다른 업무로 인해 미루고 미루다가 뇌리에서 잊어버리고 만다. 아무리 사소한 업무라도 절대 잊지 않고 제때 처리하는 책임감이 무엇보다 중요하다.

자신의 말에 책임을 지기 위해 허삼봉은 메모하는 습관을 들였다. 상사의 업무지시나 타 부서의 업무요청, 본인 스스로 약속한 업무내역을 구분하여 별도로 표기했다. 이렇게 기록한 내역은 매일 아침 출근한 후 또는 점심식사 후에 확인했다. 처리 완료한 업무는 '완료'로 표시하고, 진행 중인 사항은 '진행'에 표기함으로써 현재 처리해야 할 업무를 수시로 체크했다.

"강 팀장님, 뉴비전 프로젝트팀에 참여해 보니까 타 부서와 부딪

치는 일이 너무 많아요. 뭐 서로 협의가 잘되면 문제가 없는데 조금만 의견이 대립해도 여지없이 삐걱거리거든요. 한번 그러고 나면 화해도 쉽지 않더라구요. 그리고 프로젝트팀의 회의는 회의가 아니에요. 염 부장님이 일방적으로 지시하는 자리죠."

염 부장 때문에 더 가까워진 강 팀장에게 허삼봉은 중간보고를 했다.

"무엇보다 업무요청이나 부탁을 하는 경우에는 상대의 입장을 먼저 생각하고, 언어 표현은 정중해야 합니다. 타 부서나 회사 사람과 함께 일하기 위해서는 그쪽 핵심 업무나 역량을 알아야 하죠. 서로 잘 안다는 것은 상대에 대한 관심과 배려이지만, 때로는 서로 잘 알고 친하다는 것이 업무협력엔 도리어 방해가 될 때도 많지요. 친하다는 이유로 말을 함부로 하게 돼서 상대의 기분을 망치니까요."

허삼봉이 다 아는 이야기를 강 팀장이 조언했다.

자신도 그럴까? 허삼봉의 생각에는 강 팀장도 염 부장과 전혀 다를 게 없는 부류였다.

허삼봉이 자리에 앉으려고 보니, 박 대리가 전화로 비즈니스 매너 교육의 외부강의 청탁을 하고 있었다. 대화내용이 들려왔다. 박 대리는 회사에서 필요한 강사와 언제 어디서 강의할 것인지를 드디어 합의한 듯했다.

"감사합니다, 오 소장님."

박 대리는 전화에 대고 절까지 꾸벅하면서 수화기를 내려놓았다.

허삼봉은 웃으며 물었다.

"박 대리님, 전화에 대고 절하면 상대가 봐주나요?"

"나도 모르게 인사했네요. 하지만 그만큼 정중하게 상대를 대한
다는 마음은 목소리로 전해지잖아요?"

박 대리가 어깨를 으쓱했다.

허삼봉은 역시 박 대리에게는 배울 점이 많다고 생각했다.

허삼봉의 달인 되기 프로젝트 4

보고는 수시로, 지시는 명확하게, 피드백은 적절하게.

조직 내 커뮤니케이션에는 일정한 패턴이 있다

조직에서 가장 눈에 띄는 커뮤니케이션은 상사가 부하직원에게 전달하는 커뮤니케이션으로, 보통 하향 커뮤니케이션^{downward}

communication이라고도 한다. 상사의 지시와 명령이 대표적이다.

다음으로는 부하직원이 상사의 명령과 지시에 따라 수행한 업무 결과를 보고하는 상향 커뮤니케이션^{upward communication}이 있다. 부하 직원이 회사업무에 대한 건의를 하는 것도 상향 커뮤니케이션 유형에 속한다.

또 다른 유형으로는 다른 부서나 동료 간 업무요청과 같이 동등한 지위와 권한을 갖는 직원들 사이에서 이루어지는 커뮤니케이션이 있다. 이를 수평 커뮤니케이션^{horizontal communication}이라고 한다.

문제 많은 하향 커뮤니케이션

하향 커뮤니케이션은 조직의 위계 또는 명령계층에 따라 상급자

★ ★

가 하급자에게 전달하는 명령, 지시, 일반정보 등을 포함한다. 다양한 기능을 수행하는 하향 커뮤니케이션은 조직에서 가장 기본이 되는 커뮤니케이션이지만, 많은 연구결과를 보면 직원 대부분은 자신이 속한 조직에서 하향 커뮤니케이션이 잘 이루어지지 않는다고 생각한다.

그 이유는 다음과 같다.

▶ 하향 커뮤니케이션은 정보의 과부하와 함께 정보의 적합성 문제가 생긴다. 오늘날 정보기술의 발전으로 조직원들은 공문서, 뉴스레터, 인터넷 메일 등 정보의 홍수에 직면해 있다. 그럼에도 불구하고 정작 자신들이 필요로 하는 정보를 충분히 제공받지 못하고 있다고 생각한다.

이런 모순을 자세히 설명하기는 어렵지만, 조직 내에서 흘러다니는 많은 정보가 실제로는 불필요하다는 것이다. 경영진이나 상사가 부하직원들의 상황이나 요구를 고려하지 않고 전달하는 하향 커뮤니케이션의 정보와 메시지 대부분이 직원들의 관심을 끌지 못한 채 쓰레기통에 처박히고 있다.

▶ 하향적 메시지 전달에 부적합하거나 비효율적인 매체가 사용된다는 점이다.

★ ★

★ ★

하향 커뮤니케이션의 상당부분이 커뮤니케이션의 목적이나 매체의 적합성에 대한 진지한 고민 없이 편리하다는 이유로 인터넷이나 전화 같은 정보통신 매체로 전달되는 경우가 늘었다. AC닐슨코리아의 첫 여성 CEO 신은희 대표. 사람들은 그녀가 CEO에 오른 이유 중 하나가 탁월한 커뮤니케이션 능력이라고 말한다. 유통국장 시절, 그녀는 부하직원들에게 지시할 때 전화를 사용하지 않고 직접 내려가 지시했다고 한다.

▶ 지시나 명령을 하는 상사와 그 지시와 명령을 받는 부하직원 간의 인식 차이로, 부하직원이 상사의 지시나 명령을 이해하지 못하는 경우다. 상사는 부하직원도 잘 알 것이라고 믿고 자세한 설명 없이 지시나 명령을 내리는 경향이 강하다.

▶ 현장과 동떨어진 지시나 명령을 내리는 상사 역시 효율적인 하향 커뮤니케이션을 막는 큰 장애요인이다. 문제는 부하직원은 상사의 문제점을 날마다 경험하는데 정작 상사 본인은 모른다는 것이다.

문제가 더 많은 상향 커뮤니케이션

상향 커뮤니케이션은 하급자의 성과보고부터 의견이나 제안, 태

★ ★

도, 고충 등의 상향적 전달에 이르기까지 매우 광범위하다. 오늘날은 상향 커뮤니케이션을 직원들이 의사결정 과정에 참여하고 문제를 해결하며 정책과 업무과정을 개선하기 위한 선행조건으로 여겨 다양한 상향 커뮤니케이션 채널을 공식적으로 가동한다. 대표적인 유형으로는 보고와 건의가 있다.

보통 조직에서는 상사의 지시나 명령에 대한 보고가 비효율적으로, 직원의 건의는 형식적으로 이루어진다. 일사불란한 보고를 조직의 생명줄로 여기는 군대조차 허위 보고와 보고 태만이 빈번하다고 하니, 일반기업이야 얼마나 문제가 심각하겠는가.

상향 커뮤니케이션의 문제점은 다음과 같다.

▶ 직원들은 자기에게 불리한 내용은 정확하게 보고하지 않는 반면, 자기에게 유리한 내용은 부풀려서 보고하려는 경향이 있다.

▶ 상사의 기분을 맞추기 위해 축소, 과장, 심지어는 허위 보고를 하기도 한다. 특히 권위적인 상사를 모시거나 조직 내 파벌이 심할 경우 이런 경향이 두드러진다.

▶ 직원들은 보통 위에서 내려온 명령을 수동적으로 받으려는 경향이 있기 때문에, 적극적으로 정보를 제공하거나 아이디어를 내놓지 않는다. '모난 돌이 정 맞는다'는 우리나라 속담처럼,

아무 말 않고 있으면 중간은 하기 때문에 나서서 자신의 생각
이나 의견을 말하려고 하지 않는다.

▶ 정보 필터링에 따른 무력감이 있다. 직속상관에게만 보고하고
끝나는 경우도 있지만, 보고라인이 경영진까지 올라가는 경우
결재라인에 따라 보고나 건의 내용이 필터링되어 상사가 취사
선택한다는 사실을 잘 알기 때문에, 처음부터 그렇고 그런 내
용만 보고한다.

점차 중시하는 수평 커뮤니케이션

수평 커뮤니케이션은 동료 또는 업무상 협조가 필요한 사람들 및
부서 간에 이루어지는 커뮤니케이션이다. 상호작용적 커뮤니케이션
이라고도 한다. 하향과 상향 커뮤니케이션은 지시나 명령, 그에 따른
보고 등 기업에서 신분이 다른 상사와 부하직원 간에 이루어지는 일
방적인 커뮤니케이션으로, 대개 권위적이고 왜곡되기 쉽다. 하지만
수평적 커뮤니케이션은 지위와 권한이 비슷한 동료나 부서 간의 쌍
방향 커뮤니케이션으로, 주로 협력적인 성격을 띠고 왜곡이 덜하다.

과거 조직 커뮤니케이션에서 수평 커뮤니케이션을 별로 중요하게
여기지 않았으나, 최근에는 너도나도 수평 커뮤니케이션을 구축하

려고 노력한다. 수평적 커뮤니케이션이 조직의 구조를 유연하게 하고 문제해결을 촉진하며, 서로 다른 업무집단들 간에 정보교환을 돕고 부서 간 또는 프로젝트팀 간에 업무협조가 잘되게 해주며, 직원들 사이나 부서 간 갈등을 해결하는 수단이기 때문이다.

최근 삼성전자는 대대적인 조직개편을 단행했다. 그 이유를 "의사결정의 스피드를 높이고 수평적 커뮤니케이션의 활성화를 도모하기 위한 것"이라고 밝혔다.

긍정적 피드백과 부정적 피드백

상사와 부하직원들 간에 가장 잦은 커뮤니케이션 유형은 피드백이다. 상사가 부하직원의 신뢰를 얻기 위해서는 부하직원에게 업무와 관련된 피드백을 적시에 하는 것이 중요하다. 적절한 피드백은 부하직원에게 업무에 대한 자신감을 주어 생산성을 높이는 동시에, 상사에 대한 충성심을 갖게 한다. 하지만 잘못된 피드백은 업무의 효율성을 떨어뜨릴 뿐만 아니라 상사에 대한 적개심을 불러일으킬 수도 있다.

그렇다면 부하직원으로부터 호의적인 반응을 불러올 피드백 방법은 무엇일까?

한번 자문해 보자. 부하직원들에게 지시한 업무나 명령한 내용을 보고받거나 건의받았을 때 부하직원의 말을 얼마나 경청했는가? 이들 입장을 생각하고 대답한 적이 몇 번이나 있는가?

긍정적 피드백이란 상대의 입장에서 상대를 배려해 문제를 해결하려는 자세다. 반대로 부정적 피드백은 상대를 굴복시키거나 통제하려 들며, 상대에게 자신에 대한 강한 인상을 심어주기 위해 사용한다.

예를 들어, 지시한 프로젝트에 대한 보고를 받을 때 결과가 마음에 들지 않는다면, 상사는 다음과 같은 두 가지 피드백 태도 중 하나로 반응할 수 있다.

"지난 한달 동안 작업한 결과가 겨우 이건가?"

"지난 한달 동안 작업한 결과가 내가 기대한 수준에 못 미치는데, 그 이유가 뭔가?"

주말도 반납한 채 열심히 일한 당신이 상사로부터 전자와 같은 피드백을 받았다면, 당신은 아마도 업무성과에 대해 반성하기보다는 상사에 대한 적개심을 감추려고 숨을 고를 것이다.

전자는 상사가 자기 잣대로 부하직원의 능력을 평가한 문책 메시지다. 반면에 후자의 피드백은 문책이 아니라 프로젝트 자체에 대한 평가가 담겨 있다. 이것은 전자와 달리 부하직원과 머리를 맞대고 함께 문제점을 찾고자 하는 문제해결 지향적 메시지다.

■ 우리 조직의 지시와 보고 커뮤니케이션은 어느 정도?

①전혀 아니다 ②아니다 ③보통이다 ④그렇다 ⑤매우 그렇다

1. 상사의 지시나 명령은 정당하고 타당성이 있다.

　　□ ①　　□ ②　　□ ③　　□ ④　　　□ ⑤

2. 직원들이 업무를 수행할 때 필요한 정보나 메시지를 잘 전달한다.

　　□ ①　　□ ②　　□ ③　　□ ④　　　□ ⑤

3. 상급자는 내가 하는 말을 잘 들어준다.

　　□ ①　　□ ②　　□ ③　　□ ④　　　□ ⑤

4. 우리 조직은 업무나 기업에 관한 개선책, 아이디어를 내는 데 거리낌 없는 분위기다.

　　□ ①　　□ ②　　□ ③　　□ ④　　　□ ⑤

5. 보고할 때 상사나 경영진의 눈치를 보지 않는다.

　　□ ①　　□ ②　　□ ③　　□ ④　　　□ ⑤

6. 관련부서 간에 업무협조가 잘된다.

　　□ ①　　□ ②　　□ ③　　□ ④　　　□ ⑤

7. 동료들 간에 거리낌 없이 대화를 나눈다.

　　□ ①　　□ ②　　□ ③　　□ ④　　　□ ⑤

8. 상사로부터 내가 하는 업무에 대한 평가를 수시로 받는다.

　　□ ①　　□ ②　　□ ③　　□ ④　　　□ ⑤

9. 상사의 업무평가는 업무를 개선하는 데 도움이 된다.

　　□ ①　　□ ②　　□ ③　　□ ④　　　□ ⑤

10. 우리 조직의 상사나 경영진은 일방적으로 명령이나 지시를 하기보다는 자세히 설
　　명하고 이해를 구하는 편이다.

　　□ ①　　□ ②　　□ ③　　□ ④　　　□ ⑤

■ 결과 분석

- 40점 이상 : 조직 내 상사와 부하직원 간 대인 커뮤니케이션 체제가 매우 만족스럽다.

- 40점 미만~30점 이상 : 크게 문제는 없으나 개선의 여지가 있다. 하향, 상향, 수평, 피드백, 어느 분야가 문제인지 보다 세밀하게 측정해 문제가 있는 커뮤니케이션 유형을 개선해야 한다.

- 30점 미만 : 상사와 부하직원 간 커뮤니케이션 체제 전반이 문제 있는 조직이다. 표면에 안 드러날지 모르지만 많은 문제가 잠복해 있다. 계속 방치할 경우 상황이 더욱 악화될 것이다.

제대로 된 회의 만들기

회의의 커뮤니케이션

염려마 부장이 새로운 경영전략 발표를 위한 회의를 소집했다.

참석자는 한다발그룹 전체 팀장, 본부장, 임원이었다. 허삼봉도
참석했지만 발언권은 없었다. 그는 서기로서 기록을 맡았다.

"MBPO는 비전, 미션과 조직의 핵심가치를 조직의 목표와 접목
시켜 조직을 이끌어 성과를 내는 것을 말합니다. 한다발의 뉴비전을
바탕으로 팀의 목적과 비전을 설정해서 과업과 연결시킨 청사진을
제시하고 이 청사진을 내부고객인 직원들에게 프로모션해야 합니
다……."

알 듯 모를 듯한 염 부장의 발표는 30분 동안 계속되었다.

발표를 마치고 박수를 기대했지만 회의에 참석한 간부들의 반응

은 냉담했다. 질문하는 사람도 없었다. 설명이 너무 어려워 무슨 말인지 모르겠다는 표정들이었다.

그리고 사실 기존의 경영전략과 그다지 차이점도 없어 보였다.

염려마 부장은 간부들의 냉담한 반응을 알아채고는 발표를 제대로 마무리짓지도 못했다.

뭔가 똑부러진 대답이 나오지 않자 유 회장은 그룹별 회의를 제안했다. 회의를 통한 원활한 조직 커뮤니케이션으로 결론을 도출해 내자는 것이었다. 결국 새로운 조직 문화를 만들기 위해 다양한 그룹 회의를 하기로 했다.

임원, 본부장, 팀장, 부장, 대리, 주임, 사원 등 계층별 그룹회의가 진행되었다. 염 부장은 새 프로젝트팀 회의를 수시로 소집했다. 팀장들은 제각기 팀원을 대상으로 팀 회의를 열었다.

강 팀장도 새로운 전략 관련 회의만이 아니라 기존 프로젝트 진행을 위한 팀 회의를 소집했다. 또한 수많은 계층별 회의에도 참석해야 했다. 여기에 월요회의, 수요회의 등 요일별 회의까지 겹쳤다.

"저기요, 저 화장실 좀 다녀오면 안 될까요?"

결국 참다못한 허삼봉은 회의 분위기를 깨며 커다란 목소리로 말했다. 염 부장의 못마땅해하는 얼굴을 뒤로하고 회의실을 빠져나온 허삼봉은 크게 기지개를 켰다.

경영전략팀과 인사팀의 회의에서 벌써 1시간이 넘게 염 부장과 강 팀장이 논쟁을 벌이고 있었다. 듣고 보면 결국 같은 얘기였다. 경영전략팀에서 뉴비전 프로젝트에 대한 업무 협조 내용이 불분명하다는 것과 업무가 너무 인사팀에게 치중되어 있지 않느냐는 강 팀장의 의견에 대한 염 부장의 반론이었다.

처음엔 흥미진진한 듯했지만 계속해서 자신들의 입장에서 같은 얘기만 하니 좀이 쑤셔서 견딜 수 없었던 것이다.

"대체 언제까지 저럴 거지? 가뜩이나 요즘 회의 때문에 맨날 야근인데… 이거야 원 국회에 출석하는 것도 아니고……. 국회면 날치기 통과라도 하지."

언제 나왔는지 이대로가 옆에서 툴툴댔다.

"회의 때 염 부장님이 '염려 말게'란 말을 몇 번이나 했는지 알아?"

이대로의 얼굴을 보자 대뜸 허삼봉이 물었다.

"글쎄, 한 20번? 그럼 '어차피'는 몇 번 했는지 알아?"

"한 100만 번?"

"푸하하하!"

허삼봉과 이대로는 한참을 낄낄대며 웃었다.

허삼봉은 회사에 일을 하러 출근하는 것인지, 회의를 하러 국회에 가는 것인지 헷갈렸다. 회의는 시간이 갈수록 늘어났다. '회의를 줄이기 위한 팀장 회의'가 열리기도 했다.

그런 수많은 회의에서 결과물은 아무것도 없었다. 허삼봉은 여러 회의에 참석했지만 무엇을 어떻게 실천해야 할지 알지 못했다. 그는 결론 없는 회의에 점점 회의를 느꼈다. 그렇다고 참석을 안 할 수도 없는 노릇이었다. 회의로 인해 퇴근은 저녁 9시를 넘기기 일쑤였다.

회의가 많아지자 회의 분위기를 망치는 공격적인 사람도 생겼다. 대개는 이런 사람이 회의를 주도했다.

생산적인 회의를 위한 진행방법을 고민하는 것은 비단 허삼봉만이 아니었다. 별로 뾰족한 대안은 없었다. 회의 전이라면 "이 회의에 꼭 참석해야 하는가?", 회의 후라면 "이런 회의에 계속 참여해야 하는가?" 끊임없이 물음을 던질 뿐이었다.

보통 회의 내용이란 것이 직접 참석하지 않고 이메일이나 전화로 다른 사람을 통해 전해 들어도 상관없는 것이었다.

그러는 가운데 회의문화를 바꾸자는 요구가 일었다. 다양한 아이디어가 속속 나왔다. 인사팀에서도 허삼봉이 직접 나서서 직원들의 의견을 열심히 모았다.

먼저 '회의' 하면 떠오르는 이미지에 대해 물었다.

'지루하다, 피곤하다, 무겁다, 졸리다, 시간이 아깝다, 사전계획을 일방적으로 발표하기 때문에 내 생각을 발표하기 어렵다, 강제적이다, 이미 정해진 각본대로 한다, 쓸데없는 말만 듣게 된다, 용두사미로 그친다, 일방통행이다, 형식적이다, 속마음과 다른 의견을 발표하게 된다.'

이렇듯 부정적인 의견이 대다수였다.

다음으로 불필요한 회의를 열거해 보라고 했다.

'사전준비가 미흡한 회의, 목적이 불분명한 회의, 참석자가 너무 많은 회의, 회의를 위한 회의, 정해진 결과만 보고하는 회의, 이메일이나 홈페이지로 전달 가능한 내용의 회의, 참석자가 많은데도 한 사람씩 보고하는 회의, 단순한 보고회의, 상부의 지시를 전달만 하는 회의, 의견을 전혀 제안할 수 없는 회의, 주관 능력이 없는 상사가 진행하는 회의, 격식을 차리기 위한 회의.'

이런 답변이 나왔다.

인사팀은 사전에 회의 시의 발언 규칙을 정했다. 회의 진행과 커뮤니케이션 매뉴얼을 제작해 회의에 적용하기도 했다. 매뉴얼의 주요 내용은 회의의 긴장감을 유지하기 위해 명확한 표현을 쓰라는 것이었다. 매뉴얼에는 참석자들이 회의 중 피해야 할 단어로 '아마도', '거의', '대개', '대체로', '~라고 생각한다' 등이 들어갔다. 애매한 표현을 쓰면 불필요한 오해를 불러올 수 있기 때문이다.

재무팀은 효율적인 회의문화를 만들기 위해 '회의비용 산출 프로그램'을 자체 개발했다. 회의시간을 돈으로 환산함으로써 직원들은 자신이 참석하는 회의가 얼마나 중요한지 알 수 있었다. 회의에 참석하는 것도 비용이며, 준비하는 것도 비용이었다. 이후로 모든 회의결과는 업무에 반영하도록 했다.

경영전략팀은 '한다발인이 준수해야 할 올바른 회의조건'을 내놓았다. 또한 '함께할 일만 회의를 하고, 혼자 할 일은 혼자 하자'는 캠페인을 펼치기도 했다.

경영전략팀에서 제시한 올바른 회의조건은 그런대로 유익했다.

회의는 정시에 시작해 정시에 끝낸다.

회의에서는 본 주제에만 집중한다.

회의에서 말이 많은 사람은 자제시키고, 조용한 사람의 의견
을 이끌어낸다.

회의 참석인원은 가능한 한 적게 하여 집중도를 높인다.

회의의 마지막 5분은 과제를 주고 다음 단계에 대해 이야기
한다.

시행결과가 어떤지 지속적으로 점검한다.

회의는 90분을 넘지 않도록 했다. 늦게 시작하더라도 정시에 끝
낼 수 있도록 했다. 회의에서 발언한 내용은 모두 기록했다. 다양한
시도에도 불구하고 한다발그룹의 회의는 줄어들 줄을 몰랐다.

이때 해외유학파 여진 과장이 회의를 줄이기 위한 급진적인 아이
디어를 냈다. 모든 회의를 무차별 회의 하나로 통합하자는 것이었
다. 결국 유 회장의 긴급 지시로 새로운 회의가 하나 더 늘었다. 새
로운 회의의 명칭은 '무차별 회의'였다.

회의를 계층별로 나누면 결론 없는 회의만 늘어나니까 GM의 '크로스미팅Cross Meeting'이라는 방식을 도입해 한다발그룹의 회의문화를 대대적으로 변혁하자는 것이었다.

회의 참석자는 직급에 관계없이 대화하고 누구든 무조건 한마디 이상의 의견을 내놓는다는 것을 원칙으로 했다. 막힘없는 의사소통을 위해 회의하면서 함께 맥주를 마시기도 했다. 맥주를 곁들이면서 자유롭게 토의하는 직원들의 얼굴에서 긴장의 빛은 찾아볼 수 없었다.

무차별 회의 참석자는 점점 늘었다. 많을 때는 100명이 넘었다. 무차별 회의는 회의의 생산성을 높이고 직원 간의 격차를 없애는 것이 목적이었지만, 참석자가 많아지다 보니 전원이 다 한마디씩 하는 것은 불가능했다. 그래서 미리 발언 순서를 정한 것은 아닌데 회의를 하다 보면 '순서 시스템'이 자연스럽게 적용되었다. 순서 시스템에 따라 다음 의견제시자가 자연스레 지목되고 그 다음 의견제시자에게로 모두의 시선이 쏠렸다.

무차별 회의에서는 자유롭게 생각이 흐르도록 고무하고, 합리적이지 않은 주장은 스스로 버리도록 분위기를 조율했다. 변화하고 앞서가는 기업만이 미래가 있다. 그러려면 새로운 아이디어에 대한 거부감이 없어야 한다.

무차별 회의의 자리배치는 원형이었다. 회의 주관자와 참석자가 모두 동등한 위치에서 계급 및 지위 고하를 막론하고 스스럼없이 회의를 진행할 수 있었다. 이 때문에 개방적인 커뮤니케이션이 가능해서 회의 참석자의 참여도가 매우 높았다.

　허삼봉은 회의라는 중요한 커뮤니케이션 수단이 때로는 조직 커뮤니케이션을 저해하는 요인이 될 수도 있다는 것을 알았다. 또한 사소한 자리배치에 따라 회의 커뮤니케이션 분위기가 달라진다는 사실도 알게 되었다.

허삼봉의 달인 되기 프로젝트 5

회의를 주최하기 전에
왜 회의를 하려는지 3번 이상 반문하라.

조직에서 회의가 차지하는 비중은 거의 절대적이다. 기업의 주요한 결정사항이나 향후 발전과제 등이 회의를 통해 선택되거나 폐기되며, 이후 목표를 달성하기 위한 구체적인 방침이나 전술 등도 회의를 통해 전달되기 때문이다. 그러나 많은 조직 구성원들은 회의를 부담스러워한다. 자신의 능력과 비전을 표출하거나 공식적으로 인정받을 수 있는 가장 중요한 자리이기 때문이다.

중요한 만큼 불만과 시행착오도 많다

최근 통계를 보면, 조직 구성원 대다수는 자신이 속한 조직에서 회의가 너무 잦다고 생각한다. 또한 많은 회의가 비효율적이라고 생각한다. 별로 필요 없는 회의인데도 관성적으로 한다는 것이다.

이런 불만은 회의과정 어디엔가 문제가 있기 때문에 생긴다. 보통 회의라면 회의장소에서 참석자들이 갑론을박하는 상황만 생각하지만, 실제 회의는 회의시작 전 준비단계에서 회의진행, 회의종결, 이후 실행과정을 모두 포함한다. 따라서 그중 한 과정이라도 문제가 있으면 그 회의는 효율적인 회의라고 볼 수 없다.

회의 준비단계에서 필요한 4W1H

사전 공지도 없이 회의를 진행하는 경우도 있지만, 대개의 회의는 사전에 공지된다. 이때 회의를 소집하는 책임자는 회의소집 공지를 하기 전에 반드시 염두에 두어야 할 것이 있다. 4W1H에 관한 문제다.

▶ 왜Why 회의를 여는가?

많은 조직 회의가 특별한 목적도 없이 관행적으로 진행된다. 회의소집 공지를 하기 전에 책임자는 내가 왜 회의를 하려는지 적어도 3번 이상 자문해야 한다. 왜 회의를 하는가? 이 질문에 확신이 없다면, 회의는 하지 않는 것이 좋다.

▶ 언제When, 어디서Where 회의를 하는가?

인간은 환경적 동물이다. 동일한 주제라 해도 장소와 시간에 따라 회의진행 과정과 결과가 다르다. 피로가 몰려오는 오후 3시에,

회의장소를 못 찾아 사무실에서 옹기종기 모여앉아 민감한 주제를 놓고 회의를 했다고 하자. 그 회의는 시작하기 전에 이미 실패를 예고한다.

▶ 누가^{Who} 참석하며 누가^{Who} 회의를 진행하는가?

'다다익선^{多多益善}'이라는 말이 있지만, 회의 참석자를 정하는 것과는 전혀 상관없다. 참석자가 많을수록 회의가 길어지고 주제가 삼천포로 빠질 가능성이 많다. 이 사람이 참석하면 어떤 기여를 할 거라고 기대하는가? 기대감이 적다면 회의에 참석시키지 않는 것이 좋다.

회의진행을 누가 하는가에 따라서도 회의결과가 달라진다. 진행자가 반드시 부서 책임자일 필요는 없다. 잭 웰치는 GE를 개혁하기 위해 사원들이 창의적인 아이디어를 자유롭게 교환할 수 있는 분위기를 만들었다. 하지만 제조업 시대의 상명하달식의 조직문화가 지배적인 GE에서 생기 넘치는 회의 분위기나 직원들의 개방적인 태도는 찾아보기 힘들었다. 문제는 회의를 주재하는 상사들의 경직된 태도였다. 그래서 주로 직원들과 이해관계가 없는 대학교수들로 구성된 퍼실리테이터^{Facilitator}를 외부에서 영입해 이들에게 회의를 맡겼던 것이다.

★ ★

▶ 어떻게[How] 회의를 진행하는가?

자유롭게 발언하도록 할 것인가? 아니면 돌아가면서 발언하도록 할 것인가? 회의를 통해 결론을 내리지 못할 때 다수결로 결정할 것인가? 아니면 상사에게 맡길 것인가? 회의 참석자들의 발언 방법에서 의사결정 방법까지 신경 써야 한다.

회의진행

경영진 회의에서 부서 간 회의, 부서 회의, 외부 회의 등 회의 종류는 매우 많다. 그렇기에 회의 참석자 역시 경영진에서 말단직원에 이르기까지 다양하다. 동일한 직급의 사람들로만 구성된 회의도 있지만, 대개는 직급 차이가 있는 사람들로 구성된다.

따라서 회의진행에서 가장 중요한 것은 하급자들도 의견을 자유롭게 낼 수 있는 개방적인 분위기다. 하지만 말처럼 쉽지는 않다. 회사의 전반적인 분위기가 그렇지 않은데 회의에서만 개방적인 분위기를 조성한다고 해서 자유롭게 이야기할 하급자는 아마 없을 것이다.

★ ★

회의종결

회의 따로 업무 따로인 조직이 많다. 회의는 많지만 정작 결정되는 일도 없고, 결정사항조차도 제대로 이행하지 않는다면 시간낭비다. 회의는 진행과정도 중요하지만 더욱 중요한 것은, 회의에서 결정한 사안이나 지침을 조직 구성원들이 얼마나 잘 지키고 실행하느냐는 것이다.

★ ★

■ 우리 조직의 회의는 얼마나 효율적인가?

①전혀 아니다 ②아니다 ③보통이다 ④그렇다 ⑤매우 그렇다

1. 대부분의 회의는 목적과 순서에 따라 진행된다.

　□ ①　　□ ②　　□ ③　　□ ④　　　□ ⑤

2. 개인적 의견이 지나치게 많아 회의가 필요 이상 길어지는 경우가 거의 없다.

　□ ①　　□ ②　　□ ③　　□ ④　　　□ ⑤

3. 회의 시간과 횟수가 적당하다.

　□ ①　　□ ②　　□ ③　　□ ④　　　□ ⑤

4. 회의 참석자들은 윗사람의 눈치를 보지 않고 자유롭게 의견을 낼 수 있는 분위기다.

　□ ①　　□ ②　　□ ③　　□ ④　　　□ ⑤

5. 부서별, 개인별로 민감한 사안도 회의에서는 개방적으로 논의할 수 있다.

　□ ①　　□ ②　　□ ③　　□ ④　　　□ ⑤

6. 팀장이 없어도 참석자들이 자발적으로 역할을 분담해 진행한다.

　□ ①　　□ ②　　□ ③　　□ ④　　　□ ⑤

7. 회의에서 결정할 일이 있을 때는 실행 가능성도 함께 고려한다.

　□ ①　　□ ②　　□ ③　　□ ④　　　□ ⑤

8. 회의에서 결정한 사안은 직원 누구나 잘 따른다.

　□ ①　　□ ②　　□ ③　　□ ④　　　□ ⑤

9. 회의로 향후 정책에 관한 명확한 지침을 결정한다.

　□ ①　　□ ②　　□ ③　　□ ④　　　□ ⑤

10. 회의가 끝난 후 회의결과는 문서화해서 공지하고 보관한다.

　□ ①　　□ ②　　□ ③　　□ ④　　　□ ⑤

■ 결과 분석

- 40점 이상 : 회의준비 분위기와 회의결과의 실행에 이르기까지 모든 과정이 원만하게 운영되는 조직이다.
- 40점 미만~30점 이하 : 효율적인 회의체계라고는 보기 어렵다. 회의과정 중 어느 부분이 문제인지 더 자세히 분석해 시정하려는 노력이 필요하다.
- 30점 미만 : 회의 전 과정이 문제 있는 조직이다. 이는 단지 회의체계만이 아니라 조직 전반에 걸친 문제라고 볼 수 있다.

농담 좀 합시다

효율적인 커뮤니케이션 분위기

회의문화를 바꾼다고 조직의 모든 것이 바뀌지는 않았다. 무차별 회의는 생각하는 바를 쉽게 말할 수 있는 장을 열었고, 수직적이었던 조직 구조는 점차 수평적 조직으로 변해갔다. 그러자 오히려 스트레스나 불만을 품고 눈치 보며 구시렁구시렁 뒷말하는 사람들도 늘었다. 한다발그룹의 경영전략은 '노동력 착취의 극대화'라는 소문까지 돌았다.

직원들은 그간 마음에 있던 말들을 내놓기 시작했다. 창의적인 아이디어도 속속 나왔지만, 불만 또한 쏟아져 나왔다. 통과의례라고 생각하기에는 부정적인 루머의 수위가 높았고 빠르고 거세게 퍼져나갔다.

회사 분위기는 험악해져 갔고 삼삼오오 모이면 조직의 문제에 대한 성토 대회가 열렸다. 그 반면 대화의 단절현상도 나타났다. 생각을 달리하는 직원들은 서로 마주쳐도 인사는커녕 소 닭 보듯 하며 지나가는 경우가 많았다. 노사만이 아니라 계층, 세대, 남녀, 부서 간 갈등은 점점 심해지기만 했다.

보다못한 경영진은 한다발그룹의 근무 분위기를 바꿔야 한다는 박간결 대리의 아이디어를 채택했고 우선은 실행에 옮겨 보기로 했다. 한다발그룹 간부들을 대상으로 유머교육을 실시하여 조직 분위기를 웃음이 넘치는 즐거운 분위기로 바꾸자는 것이었다.

"근무 분위기를 바꾸기 위해 유머를 주입식 교육으로 해결하자는 것이 유머 아니에요?"

이대로가 반대의견을 냈지만 묵살되었다.

박간결 대리가 유머교육 프로그램의 기획을 맡았다.

"리더의 덕목 중 가장 중요한 것은 조직을 신바람 나고 즐거운 일터로 만드는 것입니다."

이렇게 주장하면서 박 대리는 '즐거운 일터를 만들기 위한 유머교육'을 시행함과 동시에 '자주 웃자'는 사내 캠페인을 펼쳤다.

유머연수가 조직 분위기를 바꿀 수 있다고 기대한 것은 예전에는 성과를 내는 요인이 기술이나 연구 개발이었으나 지금은 인적 자원, 즉 사람이라고 생각하기 때문이다. 커뮤니케이션 과잉 사회로 변한 정보화 사회에서는 개인도 중요하지만, 조직이 먼저 분위기를 바꿀 필요가 있다는 것이었다. 유머는 직원이 즐겁게 일하게 해주기에 높은 성과를 기대할 수 있다는 것이다.

웃을 일이 없는데 어떻게 웃느냐고 따지는 사원도 있었다. 하지만 유머교육과 웃음 캠페인은 계속되었다.

한다발의 구성원을 유머감각이 있는 열정적인 일꾼으로 만들기 위해서는 무엇보다 윗선부터 달라져야 했다.

계열사 사장들도 유머연수를 받으며 유머감각을 익히려고 노력했다. 직원들은 사장이나 임원, 부장, 팀장의 어설픈 유머에 억지웃음을 지어야 했다.

박 대리는 즐겁고 웃음이 끊이지 않는 근무 분위기로 인해 회사가 신바람 나고 즐거운 일터로 변해가며, 직원들이 아침에 즐겁게 출근하고 일의 능률도 올랐다고 강 팀장에게 중간보고를 했다. 강 팀장은 그대로 윗선에 보고했다.

조직 분위기가 바뀌려면 리더가 먼저 즐겁게 커뮤니케이션하는 조직을 만드는 것이 중요하다는 생각에는 모두가 동의했다. 위에서부터 즐거운 분위기를 연출해 주어야 조직 전체 분위기가 달라진다.

유머연수는 박 대리의 주장대로는 아니지만 조직의 커뮤니케이션을 즐거운 분위기로 바꾸는 전략으로 나름 효과가 있었다. 위계 중심의 기업경영이 조직을 구성하는 개인 중심으로 기울고 있다는 증거였다. 리더가 권한을 틀어쥐고 직원들을 어떻게 부려먹을까 고민하는 것이 아니라, 직원들 스스로 업무에 집중하게 해줌으로써 좋은 성과를 냈다.

유머 덕분에 팀워크가 좋아지고, 커뮤니케이션이 원활해졌으며, 다른 부서나 경쟁업체에 단합한 모습을 보여주었다. 상황에 따른 적절한 유머 한마디는 분명 상대의 마음을 편하게 해주고 대화의 윤활유 역할을 했다. 특히 경직된 조직 분위기를 부드럽게 바꾸고 일방적이 아닌 쌍방향 대화를 유도했다. 그렇지만 한다발이 개그를 생산하는 회사가 아닌 다음에야 유머가 만능해결책은 될 수 없었다.

최근 전략 커뮤니케이션 코칭을 받은 은둔자 유비전 회장이 모처럼 무차별 회의에 모습을 드러냈다. 회사가 인수와 합병으로 변화의 소용돌이를 맞았을 때도 좀체 나타나지 않던 사람이었다.

해고자 명단을 실제로 작성했던 사람으로서, 노사분규의 모습을 실제로 가까이에서 지켜보며 허삼봉은 그간 많은 생각을 했었다. 이젠 그 동안 가슴에 묻어두었던 주장을 말할 때가 왔다고 생각했다. 해고를 각오하지 않으면 하기 힘든 말이었다.

어차피 허삼봉은 예전에 한번 해고된 적이 있지 않은가. 그렇게 생각하면 그나마도 오래 다녔다는 생각이 들었다. 갑자기 마음이 홀가분해졌다. 유 회장이라면 혹시 나의 의견을 받아들이지 않을까 하는 막연한 희망마저 들었다.

허삼봉은 용기를 냈다. 드디어 허삼봉 차례가 돌아왔고, 마음과는 달리 목소리가 약하게 떨려 왔다.

"사람은 비용이 아닙니다. 비용 줄이듯 사람을 줄인 한다발유통은 큰 잘못을 저지른 것입니다."

"……."

임원들과 간부들은 바짝 긴장했다.

허삼봉이 비용을 절감하기 위해 비정규직을 줄인 한다발유통 한통속 사장의 경영전략을 정면으로 반박하고 나섰던 것이다. 한다발유통의 비정규직 해고문제는 아직도 해결되지 않은 상태였다. 회의 참석자들은 허삼봉을 노조 대변자처럼 바라보았다.

허삼봉은 여러 간부의 째려보는 눈빛이 따갑게 느껴졌다. 그럼에도 불구하고 자신의 의견을 굽히지 않았다.

"직원을 사람으로 대접하는 회사가 발전합니다. 기술이나 가격은 경쟁기업이 쉽게 모방할 수 있지만, 사람의 의욕과 창의성을 극대화하는 인력개발 전략은 쉽게 따라올 수 없습니다. 이거야말로 장기적인 경쟁우위의 원천입니다."

"……."

강 팀장은 당황했지만, 허삼봉의 말을 자르지는 못했다.

"직원은 재료가 아닙니다. 인간입니다. 그런데 인간이라고 생각 않는 회사가 많습니다. 그래서 '원가 낮춰라 원가 낮춰라' 하면서 월급을 낮추려 합니다. 월급을 낮추면 직원들이 좋아서 열심히 일하겠습니까? 당연히 그럴 리 없습니다. 회사가 힘들수록 직원들이 즐겁게 일해야 회사가 발전하는 겁니다. 왜냐하면 회사는 직원들이 만드는 거니까요."

결국 한다발유통의 한통속 사장이 중간에 끼어들었다.

"직원의 가치관이 소득보다 여가를 더 선호하고, 조직을 위한 희생보다는 개인의 발전을 추구하는 추세입니다. 이러한 가치관의 변화는 새로운 전략을 요구합니다. 그러나 조직을 이끌어 가려면 채찍과 당근이 필요합니다."

이때 가만히 듣기만 하던 유 회장이 무심하게 말했다.

"사람이 말인가? 채찍을 휘두르게."

허삼봉은 깜짝 놀라 돌아보았다.

도대체 무슨 일인가. 경영진 사이에 내분이라도 생긴 걸까? 아니면 유 회장의 최근 유머? 그냥 웃고 말아야 하는지, 하던 말을 계속해야 하는지 허삼봉은 잠시 망설였다.

유 회장은 허삼봉의 마음을 읽은 듯 말을 이었다.

"회사를 위해 사람이 필요한 것이 아니라, 사람을 위해 회사가 있는 거야. 한다발도 마찬가지. 사람은 원래 일하기 싫어해. 직원들을 놀리더라도 잘라서는 안 되지. 경영자는 놀기 좋아하는 인간의 본성을 잘 알아야 해. 직원 사이에 경쟁을 부추겨서 망한 회사는 있어도, 노는 직원 많고 쉬는 날 많아서 망한 회사는 없어."

'지당하신 말씀.'

허삼봉은 박수라도 쳐주고 싶었다.

그런데 유 회장이 그 다음에 한 말은 완전히 폭탄선언이었다.

"블랙리스트는 없애! 화이트리스트만 남기고. 기업이 정치조직을 닮아가야 할 이유가 없잖아."

사람들은 잠시 멍해졌다.

그렇든지 말든지 유 회장은 계속 말했다.

"월급은 근속연수에 따라 결정하고, 철저한 연공서열로 호봉제를 강화해. 승진은 종이에 직원들 이름을 적어서 선풍기 바람에 날려. 그래서 멀리 날아간 순으로 정한다."

한다발그룹 임직원들은 그야말로 어안이 벙벙해졌다.

유 회장은 맥주를 한잔 들이켜고는 계속 말했다.

"몸을 움직이는 일은 강제로 시킬 수 있어도 머리를 쓰는 일은 시켜서 되는 게 아냐. 감동한 직원이라야 자발적으로 궁리해서 남과 다른 창의적인 아이디어를 쏟아낼 수 있는 거라구."

'옳거니!'

허삼봉이 속으로 추임새를 넣었다.

"21세기 경영이란 말이지, 기업 구성원들이 창조력을 자발적으로 발휘할 수 있도록 분위기를 만들고 변화와 혁신에 앞장서는 거야."

"……."

"아, 그리고 한다발유통의 비정규직 해고건 말야. 원가절감한답 시고 직원 자르는 건 안 좋아. 능력이 좀 부족하더라도 자기개발이 가능하도록 교육기회를 주어야지. 직원들 급여는 아끼지 말고 다른 것을 절약해. 절약해서 원가절감은 해야지. 고객에게 혜택을 주고 우리도 살아남으려면. 기업은 더 나은 삶을 위해 존재하는 거야. 가장 중요한 것은 직원이야. 명심하도록!"

회의는 끝났다.

주요한이 다가와 허삼봉의 어깨를 툭 쳤다.

"허삼봉 씨, 오늘 정말 멋있었어요!"

"그간 커뮤니케이션 공부 열심히 하시더니 제대로 한방 하시네요!"

박 대리도 환하게 웃으며 한마디 건넸다.

허삼봉은 괜스레 낯이 붉어져 애꿎은 머리만 긁적였다.

"맨날 삼봉이 같은 짓만 하는 줄 알았더니……."

이대로 역시 허삼봉이 자랑스러웠다.

"또라이!"

염 부장이 허삼봉을 향해 한마디 내뱉었다. 회의실을 총총히 빠져나가는 염 부장의 얼굴에 미소가 스쳐 지나갔다.

허삼봉은 자신이 뭔가 회사에 기여한 것 같아 기분이 좋았다. 또한 자신도 한다발의 구성원이 된 강한 느낌이 들었다. 그리고 유 회장의 말에서 한다발그룹의 경영전략 변화를 감지했다. 누가 어떻게 커뮤니케이션하느냐에 따라 조직의 분위기가 달라진다는 사실도 깨달았다. 커뮤니케이션 교육이나 조직의 계층구조도 조직 커뮤니케이션 분위기에 영향을 끼쳤다. 분명 무차별 회의는 개방적이고 솔직한 커뮤니케이션을 가능하게 만들어 주었다.

이렇게 새로워진 경영전략이 성공적으로 조직 전체에 침투해 좋은 성과를 가져올 방법은 없을까?

허삼봉의 달인 되기 프로젝트 6

커뮤니케이션 분위기가
조직의 업무수행 결과를 좌우한다.

　평생직장의 개념은 사라진 지 오래다. 원하든 원하지 않든 간에 입사해 평생 은퇴할 때까지 적어도 5번 이상은 이 직장 저 직장 옮겨다녀야 할 것이다. 이직하면 가장 적응하기 힘든 것은 상사나 동료 간 인간관계이며, 또 다른 하나는 이전 직장과 다른 직장문화라고 한다. 인간관계야 아주 모난 사람이 아닌 이상 시간이 지나면 어느 정도 해결된다. 하지만 눈에 보이지 않지만 전 직장과 다르고, 또 그렇다고 해서 누구도 가르쳐 주지 않는 새로운 직장문화에 적응하는 일은 시간이 지난다고 해서 쉽게 해결되는 문제가 아니다. 삼성에 오래 근무한 부장이 현대로 옮겼을 때, 삼성과 현대의 서로 다른 이질적인 문화로 인해 그가 겪을 어려움을 생각해 보라.

　조직문화는 가시적으로 드러나지는 않지만 조직 구성원들의 대인관계나 업무수행 태도를 결정짓는 집단적 가치규범이다. 상명하복식의 조직문화가 있는가 하면, 상사와 부하직원 간의 호혜적인 의사소통을 중시하는 조직문화가 있다. 이처럼 서로 다른 조직문화의 핵심에는 조직마다 서로 다른 커뮤니케이션 분위기가 있다. 조직문

★ ★

화의 차이를 알기 위해서는 조직마다 다른 커뮤니케이션 분위기를
살펴볼 필요가 있다.

효율적인 커뮤니케이션 분위기란

커뮤니케이션 분위기란 구성원들의 커뮤니케이션 관계, 커뮤니
케이션 만족도와 기업 내 정보유통 정도, 의사결정 과정 등 모든 커
뮤니케이션 상태를 포괄한다.

조직문화에 영향받는 커뮤니케이션 분위기는 조직의 목적수행과
사내 인간관계 등에 큰 영향을 미친다. 직원들 간의 관계를 중시함
에 따라 직장 분위기가 서로 우호적이고 합의적인 조직문화에서는
당연히 상사와 동료 간의 커뮤니케이션 분위기는 서로 지원하고 쌍
방향이다.

효율적인 커뮤니케이션 분위기는 다음과 같은 특징이 있다.

▶ 개방적인 커뮤니케이션 채널과 다양한 메시지 흐름(수직 · 수평 ·
   대각)을 지닌 유연한 네트워크 구조
▶ 업무수행 절차, 업무수행 평가, 기업정책, 주요 결정사항, 쟁점,
   문제점 등에 관한 정확한 정보의 접근 편의성

★ ★

★ ★

▶ 상사와 부하직원 간의 커뮤니케이션에서 상호신뢰, 개방, 지원
▶ 민주적인 리더십 아래 의사결정과 문제해결, 기타 업무관련 과
　정에서 부하직원들의 폭넓은 참여

　조직의 커뮤니케이션 분위기는 조직의 유효성에 영향을 미친다.
그 말은 곧 조직의 업무수행 결과와 직원들의 직무만족도로 직결된
다는 뜻이다. 그러므로 가시적으로 드러나지 않는 조직 커뮤니케이
션 분위기라도 항상 이를 체크하고 개선해 나가려고 노력해야 한다.

■ 우리 조직의 커뮤니케이션 분위기는?

①전혀 아니다   ②아니다   ③보통이다   ④그렇다   ⑤매우 그렇다

[팀워크 및 부서 간 협력]

1. 내 동료들은 서로 악의 없이 비판적인 의견을 나눈다.

　　□ ①　　□ ②　　□ ③　　□ ④　　□ ⑤

2. 내 동료들은 좋은 경청자다.

　　□ ①　　□ ②　　□ ③　　□ ④　　□ ⑤

3. 서로 다른 부서들 간에 커뮤니케이션이 원활하다.

　　□ ①　　□ ②　　□ ③　　□ ④　　□ ⑤

[정보 흐름]

4. 내 부서 외에서 발생하는 정보도 쉽게 얻을 수 있다.

　　□ ①　　□ ②　　□ ③　　□ ④　　□ ⑤

5. 내 업무에 필요한 정보를 충분히 얻을 수 있다.

　　□ ①　　□ ②　　□ ③　　□ ④　　□ ⑤

[제도적 장치와 메시지의 특성]

6. 하급자라도 다양한 제안을 할 수 있는 제도가 잘 마련돼 있다.

　　□ ①　　□ ②　　□ ③　　□ ④　　□ ⑤

7. 우리 회사는 일방적인 지시나 명령을 하기보다는 잘 설명해 주고 요청하는 편이다.

　　□ ①　　□ ②　　□ ③　　□ ④　　□ ⑤

145

[상급자에 대한 접근]

8. 상급자라도 필요하면 편안하게 다가가 이야기할 수 있는 분위기다.

   □ ①   □ ②   □ ③   □ ④   □ ⑤

[회의와 의사결정]

9. 회의는 구성원들의 잠재력과 창의력을 자극한다.

   □ ①   □ ②   □ ③   □ ④   □ ⑤

10. 문제가 발생하면 이해관계자들이 민주적으로 참여해 크고 작은 의사결정을 한다.

   □ ①   □ ②   □ ③   □ ④   □ ⑤

■ 결과 분석

- 40점 이상 : 커뮤니케이션 분위기가 매우 좋다. 이런 조직은 직원들의 업무성과도 높고, 조직에 대한 충성심도 높다.

- 30점 이상~40점 미만 : 커뮤니케이션 분위기가 보통이다. 어떤 분야에서 낮은 평가를 받았는지 살펴 그 분야를 개선하려고 노력해야 한다.

- 30점 이하 : 커뮤니케이션 분위기가 매우 낮은 편이다. 특정 분야가 아니라 모든 면에서 커뮤니케이션 분위기가 나쁘기 때문에 전면적으로 개선하려는 노력을 기울여야 한다.

더 나은 삶으로 가는 길

조직 커뮤니케이션의 전략적 계획

"미국의 한 대학 경영학과 교수가 전략적 조직 커뮤니케이션을 성공적으로 운영하는 6개 기업을 조사했는데, 그 기업 구성원들은 스스로를 변화의 대상이 아닌 변화의 주체로, 고객과 직접 연결되는 연결자로, 기업의 브랜드와 명성의 전달자로, 기업의 중요한 자원으로 생각하고 있더랍니다. 이제 한다발그룹도 이런 전략적 커뮤니케이션과 추진조직, 예산이 필요합니다."

유비전 회장은 그 주장이 낯설었다. 새로운 비전이나 경영전략과는 관계없어 보였다.

하지만 전략 커뮤니케이션 컨설턴트라는 직함을 가진 오동준 소장의 말에는 거부할 수 없는 확신이 배어 있었다. 유 회장은 이미 오 소장의 컨설팅을 통해 전략적 커뮤니케이션의 효능을 체험한 바 있었다.

"계속해 보시오."

이사회에 참석한 다른 경영진도 일단 조용히 경청할 수밖에 없었다.

"한다발그룹도 초우량 기업을 벤치마킹해 전략적 커뮤니케이션 계획을 수립하고 이를 시행할 때입니다. 분명 조직문화도 바뀌고 직원들도 변하게 될 것입니다."

오 소장은 강력하게 말했고, '전략적 커뮤니케이션'을 특히 강조했다.

"외국기업의 경우, 기업 커뮤니케이션 업무를 맡은 담당자들은 보조 업무가 아니라 핵심적인 업무를 하고 있다는 자부심이 큽니다. 그리고 기업의 경영정보 시스템을 책임지는 CIO^{Chief Information Officer}와 기업 커뮤니케이션 책임자는 긴밀한 협조관계를 유지합니다. 직원들을 대상으로 한 커뮤니케이션 교육시스템이 잘 돌아가고, 단발적이 아니라 지속적으로 시행됩니다. 기업 커뮤니케이션에 대한 내부의 자체 평가는 물론이고, 객관적인 평가를 위해 외부기관과 계약을 맺고 정기적으로 평가받는 제도를 운영합니다."

오 소장의 조언에 유 회장은 긍정적인 반응을 보였다. 그러나 임원 가운데는 너무 피상적인 의견이라는 둥, 아무데나 '전략'만 붙이면 다냐는 식의 비판적인 의견도 나왔다.

"한다발그룹에도 커뮤니케이션 계획이 없는 것은 아닙니다."

한다발유통 한통속 사장이 반발했다.

"기존 조직 커뮤니케이션 계획이 단기적이고 즉각 반응 목표에 치중했다면, 전략적 조직 커뮤니케이션 계획은 장기적, 선형적인 커뮤니케이션 목표를 설정해 전략적으로 접근하는 것입니다."

오 소장이 치밀하게 준비된 답변을 하자, 더이상 반론을 제기하는 경영진은 없었다.

전략적 커뮤니케이션 컨설팅을 마친 며칠 후 유 회장의 지시에 따라 한다발그룹에도 전략적 커뮤니케이션팀이 생겼다. 팀장에는 해외유학파인 여진 과장이 내정되었다.

여 과장은 커뮤니케이션 환경의 변화에 맞춰 한다발그룹도 전략적 커뮤니케이션 계획을 통해 조직문화를 바꿔야 한다는 생각을 기업 인수와 합병 전부터 이미 했던 터였다.

여 과장 중심으로 전략적 커뮤니케이션팀이 만들어졌다. 이 새로운 팀의 사명은 전략적 조직 커뮤니케이션 계획의 수립과 시행이었다. 팀을 바꾸기 원하던 허삼봉의 바람도 이루어졌다. 허삼봉도 팀원으로 발탁되었다.

불과 며칠 안 되지만 허삼봉이 여 과장과 함께 일해 보니, 명칭만 팀인 회사의 여러 부서나 무늬만 팀이었던 뉴비전 프로젝트팀의 운영방식과는 전혀 달랐다. 허삼봉은 팀장이나 구성원의 의식수준에 따라 팀의 커뮤니케이션 분위기가 변한다는 사실을 절감했다.

전략적 커뮤니케이션팀은 상호 책임을 지는 진짜 팀이었다. 소속 회사와 전문분야가 제각각이었지만 커뮤니케이션은 원활했다. 팀원 간 커뮤니케이션 흐름이 수평적이고 무척 자유로웠다.

지금은 지식 정보화의 발전에 따라 조직 환경이 바뀌면서 위계질서에 따른 강압보다는 구성원의 자율성과 다양성을 강조하는 시대다. 다른 조직에서도 부과제를 폐지하고 팀제를 앞다투어 도입하는 실정이었다.

여 과장이 구성한 팀에는 관료적이고 권위적인 상사는 필요가 없었다. 그녀 스스로도 강압적인 태도가 아닌, 지원하고 돕는 태도와 자세로 일관했다.

전략적 커뮤니케이션팀은 상호 보완적인 전문지식과 기술을 가진 사람들의 집단이었다. 그래서 팀원이 다함께 공동의 목적, 업무수행 목표, 그 추진방법에 전념할 수 있었다. 책임과 권한이 여 과장에게 집중되지 않고 팀원 전부가 전문적인 권한을 행사하며 상호 책임을 졌다.

허삼봉은 기업의 외부 이해관계자인 주주와 고객, 지역사회 등을 위한 PR전략이 조직 외 커뮤니케이션 전략이라면, 내부 직원을 대상으로 한 내부 PR전략이 조직 내 커뮤니케이션 전략이라는 생각이 들었다.

전략적 커뮤니케이션의 목표는 구성원의 가치, 태도, 행동양식을 조직이 추구하는 가치인 인간 중심 경영에 맞도록 바꾸는 것이었다.

전략 커뮤니케이션팀에서 가장 어려운 문제는 인간 중심의 경영이라는 광범위한 가치와 경영전략이 한다발인의 사고와 감정, 가치관, 태도, 행동에 어떻게 녹아들 수 있는가였다. 전략적 커뮤니케이션 프로그램이 한다발그룹의 경영에 도움이 되어야 했다. 이를 위해 한다발그룹이 처한 국내외 정치, 경제, 문화, 사회 환경을 먼저 평가했다. 이를 바탕으로 조직 커뮤니케이션 목적을 수립하고, 그 목적을 달성하기 위한 전략적 커뮤니케이션 계획을 세웠다. 이 계획을 실행하기 위한 전략적 커뮤니케이션 프로그램도 만들어졌다. 오 소장의 도움을 받아 한다발 구성원의 직무만족도, 조직참여도도 측정했다.

전략적 커뮤니케이션 프로그램에 따라 한다발그룹 내 인적, 물적 자원을 다시 배분했다.

전략적 커뮤니케이션 프로그램을 실행할 때마다 컨설턴트인 오동준 소장에게 의뢰하여 효과를 측정하는 것도 잊지 않았다. 이것은 순환하는 사이클을 보였다. 그러나 단 한순간도 같지는 않았다. 예측하기 힘든 환경의 변화 속에서 조직 커뮤니케이션을 의도적으로 관리한다는 것이 쉬운 일은 아니었다.

외부환경이 변하면 이에 적합한 커뮤니케이션 전략이 다시 필요했다. 그러나 팀원들은 열정을 잃지 않았다. 전략적 커뮤니케이션 계획은 변화에 계속 적응하도록 세울 수 있기 때문이다. 한다발그룹에 변화가 없었다면 전략적 커뮤니케이션 계획도 필요 없었을 것이다. 계획대로 실행한 전략적 커뮤니케이션의 효과 측정결과는 다시 다음해의 전략적 커뮤니케이션 계획에 반영했다. 단기가 아닌 장기적인 전략적 계획을 세우다 보니, 조직의 큰 목표 달성을 위한 결정에 따라 세부적인 커뮤니케이션 스킬도 필요했다.

경영전략을 이해시키고, 수용하게 만드는 프로그램은 조직 내 모든 커뮤니케이션 채널을 동원해 확산되었다.

커뮤니케이션 채널로는 계층별 회의, 무차별 회의, 사보, 인터넷 사내방송, 인트라넷, 회람 등을 이용했다. 흥미를 끌기 위해 포스터나 강연회, 심지어는 전시회 등의 방법도 사용했다. 이러한 조직 내 커뮤니케이션 경로를 통해 모든 한다발인에게 메시지가 도달하기는 어렵겠지만, 분명 무엇에 대해 생각은 하게 될 거라고 여기며 내용 창작에 열중했다.

전략적 커뮤니케이션 매뉴얼도 새로 만들었다. 한다발의 인간 중심의 경영 스토리를 외부필자를 고용해 써서 소책자로 만들어 나눠주기도 했다.

이와 함께 직원의 불만을 들을 수 있는 자기신고 제도를 도입했다. 회의는 참석자 누구나 발언할 수 있도록 민주적인 방식으로 바꾸었다. 한다발 구성원들이 신 경영전략, 새로운 비전, 기업 이념이나 목표를 잘못 파악하는 일이 거의 없을 정도로 일관성 있고 상호 보완적이며 지속적으로 커뮤니케이션을 했다. 분기별로 전략적 커뮤니케이션 프로그램의 효과를 측정하여 다시 커뮤니케이션 계획에 반영했다.

어떤 방법으로 조직 커뮤니케이션의 효과를 측정하는가는 중요하지 않았다. 중요한 것은 측정한다는 그 자체였다. 완벽하지는 않더라도 꾸준히 측정을 하면 조직 내 커뮤니케이션을 관리하는 데 큰 도움이 된다.

일단 전략적 커뮤니케이션 프로그램을 조직의 전략, 비전, 목표에 적합하도록 만들었다. 이에 따라 업무 프로세스, 기업 문화, 경영 스타일이 점점 변해갔다. 사무실 배치, 임금구조, 회계, 직무설계 등에 전략적 커뮤니케이션이 영향을 끼쳤다. 때로는 이에 부합하도록 전략적 커뮤니케이션 프로그램을 만들 필요가 있었다.

전략적 커뮤니케이션 프로그램의 실행에 따라 한다발그룹의 인사제도도 손봐야 했다. 커뮤니케이션의 장애요소인 복잡한 조직구조도 단순하게 바뀌었다. 급여는 오직 근속연수에 따라 결정되는 철저한 연공서열식 호봉제를 강화했지만, 승진제도는 그대로 두었다. 종이에 직원들 이름을 적어 선풍기 바람에 날려서 멀리 날아간 순으로 승진 대상자를 정하는 것은 상장회사인 한다발에는 맞지 않는다고 임직원들이 반발했기 때문이다. 그러나 거들먹거리거나 일은 안 하고 지시만 할 수 있는 직위는 없다는 생각이 점차 한다발그룹에 조직문화로 자리잡았다.

보고와 지시, 요청, 피드백의 커뮤니케이션 흐름도 자연스럽게 수

153

평적으로 변했다. 모두 더 나은 삶을 위해 함께 일하는 동료라는 의
식이 강해졌으며, 상사와 부하의 마찰도 한결 줄었다.

허삼봉의 달인 되기 프로젝트 7

원활한 커뮤니케이션은
조직을 성장시키는 힘이다.

조직 커뮤니케이션 전략이란

조직 커뮤니케이션의 중요성과 영향력에 대해 제대로 알고 있다 하더라도 이를 실제 기업 목적이나 업무와 연계해 계획으로 수립하기는 쉽지 않다. 기업의 다른 업무와 마찬가지로 조직 커뮤니케이션 목적을 달성하기 위해서는 먼저 구체적이고 일관된 계획을 짜야 한다. 이러한 일련의 과정을 조직 커뮤니케이션 전략이라고 한다.

조직 커뮤니케이션의 전략이란 기업이 설정한 전략을 성취하는 데 도움을 주기 위하여 조직이 처한 내적·외적인 커뮤니케이션 환경을 평가하여, 커뮤니케이션 목적들을 수립하고 그 목적을 달성하기 위하여 계획을 세우고 이 계획을 수행하기 위한 커뮤니케이션 프로그램에 따라 자원을 배분하고, 수행결과를 평가하는 일련의 과정이다.

시대 변화에 따른 조직 커뮤니케이션

조직에 있어서 커뮤니케이션 전략의 중요성이 부각되기 시작한 것은 그리 오래되지 않았다. 1970년대 이전에는 조직 커뮤니케이션에 대한 인식이 낮아 조직에서의 커뮤니케이션 효율성을 사보와 같은 매체의 효율성으로 간주하였다. 예를 들어 사보를 얼마나 주의 깊게 보는가, 사보의 내용 중 어떤 것이 마음에 드는가? 등등으로 조직 커뮤니케이션의 성공 여부를 가늠했다.

사보와 같은, 조직의 공식적인 미디어에 대한 만족도로 조직 커뮤니케이션을 측정하던 시기를 지나 1980년대에 들어서면서 조직 커뮤니케이션에 대한 인식이 확장됨에 따라 조직 커뮤니케이션 효율성을 측정하는 방법과 범주가 확장되어 갔다. 이 시기부터 커뮤니케이션에 대한 조직원들의 인식이나 태도 등에 대한 조사가 시작된다. 자신이 받고 있는 조직에 대한 정보의 양과 질에 어느 정도 만족하는지, 업무에 대한 충분한 정보를 얻고 있는지, 그러한 정보들이 업무에 얼마만큼 도움을 주는지 등으로 세분화되어 조사되기 시작했다. 1980년대까지만 해도 여전히 조직 커뮤니케이션에 대한 관심은 대부분 단기적인 관점에서 조직 미디어나 메시지, 채널의 효율성 등 세부적인 영역에 치중하였다.

★ ★

이 같은 양상이 1990년대에 들어서면서 달라지기 시작했다. 세부적이고 단기적인 조직 커뮤니케이션에 대한 관심에서 광범위하고 장기적인 관점으로 이동했다. 조직 커뮤니케이션의 과정이 끝난 다음 그 효과를 측정하는 사후검증뿐만 아니라, 사전에 전략적인 계획strategic planning을 통해 장기적인 관점에서 커뮤니케이션이 조직의 전략적 역할을 수행하는 방향으로 나아가고 있다. 기업 합병, 기업 문화 변화를 위한 커뮤니케이션 전략 등이 그러한 예이다.

특히 기업 전략과 연관된 조직 커뮤니케이션 분야는 요즘 기업에서 가장 중요한 변화 프로젝트와의 연계가 두드러진다. 조직 커뮤니케이션을 담당하는 책임자가 기업의 최고경영회의에 참여하는 등의 변화도 기업에서 조직 커뮤니케이션의 위상 변화를 반증하는 일례라 할 수 있다.

조직 커뮤니케이션 전략이 성공한 기업들에서의 시사점

조직 커뮤니케이션 대가인 UCLA 대학의 경영학 교수 제니스 포먼Janis Forman 교수 팀이 기업 커뮤니케이션corporate communication을 성공적으로 운영하고 있는 기업들을 분석한 결과 공통적인 특징을 발견해냈다.

★ ★

▶ 직원들을 변화의 주체로, 고객과 직접 연결되는 연결자로, 기업의 브랜드와 명성의 전달자로, 그리고 기업의 중요한 자원으로 여긴다.

▶ 기업 커뮤니케이션이 기업전략과 밀접한 연계를 지니고 있기 때문에 기업 커뮤니케이션 업무를 맡고 있는 담당자들은 단지 기업의 보조적인 업무를 맡고 있다는 생각에서 벗어나 기업의 핵심적인 업무를 담당하고 있다는 자부심을 갖고 있다.

▶ 커뮤니케이션에 대한 CEO의 인식이 높으며 커뮤니케이션 책임자가 기업 CEO에게 직접 또는 최상위 경영자에게 보고하는 체제를 갖추고 있다.

▶ 기업 내 IT 책임을 맡고 있는 CIO^{Chief Information Officer}와 기업 커뮤니케이션 책임자 사이에 긴밀한 협조관계를 유지하고 있다. 기업 홈페이지나 직원 게시판 또는 이메일 시스템을 구축할 때 정보기술 부서의 직원들은 기술적인 효율성이나 하이테크를 강조하는 경향이 있는 반면에 기업 커뮤니케이션 부서의 직원들은 접근 용이성과 편리성, 간편성 등을 더 중시하며 하이테크보다는 휴먼터치 면을 강조하는 경향이 있다. 따라서 서로 다른 문화를 지닌 부서원들 간에는 협력관계를 유지하기 어려운데, 기업 커뮤니케이션이 성공한 기업들은 그런 면에서

예외다.

▶ 커뮤니케이션에 대한 교육시스템이 효율적으로 작동하고 있
다. 교육이 필요한 직원과 중간관리자 또는 고위 경영진에게
필요한 커뮤니케이션 자질이 무엇인지 파악해 장기적으로 적
절한 교육을 실시한다.

▶ 내부는 물론이고 외부의 평가시스템이 잘 작동하고 있다. 계
획에 대한 내부의 자체적인 평가는 물론이고 객관적인 평가를
위해 외부기관과 계약을 맺어 정기적으로 성과를 평가하는 제
도를 가지고 있다.

FedEx(Federal Express)

FedEx는 「포춘」이 선정한 '가장 유망한 기업' 7위로 뽑힌 기업
이다. 기업 커뮤니케이션 최고책임자는 부사장이 맡고 있으며, 부
서명은 'Worldwide Communication & Investor Relations'이다.
2000년에 들어서면서 FedEx는 단순히 우편물이나 배달하는 기
업 이미지를 벗어나 세계적으로 가장 신뢰성 있는 서비스 기업 이
미지를 만들기 위하여 대대적인 광고와 PR을 실행하였다. 하지만
결과는 기대에 미치지 못했다.

기업 이미지를 성공적으로 바꾸기 위해 기업문화가 먼저 새롭게 변해야 하고, 이를 위해서는 직원들의 가치와 태도, 행동양식이 변해야 한다는 사실에 주목했다.

'직장에서 시장으로workplace-to-marketplace' 또는 '내부에서 외부로 inside-out'라는 전략을 수립했는데 기업 커뮤니케이션이 중심 역할을 했다.

종래의 외부 중심 시각에서 기업 내부로 관심이 변화된 데는 직원은 고객과 기업을 연결하는 연결고리라는 생각에서 연결고리 역할을 담당하는 직원들이 먼저 새로운 전략에 대한 확신과 이에 뒷받침된 행동변화가 전제되지 않으면 새로운 전략은 실패로 끝날 수밖에 없다는 믿음에서다.

이러한 믿음에 따라 FedEx는 최고경영진들이 전략을 세우는 모임에 기업 커뮤니케이션을 담당하는 부서 직원들이 정기적으로 참여하여 기여를 할 수 있는 제도를 만들었다. 이 제도의 도입으로 거둔 가장 가시적인 성과는, 과거와 달리 기업 커뮤니케이션 담당부서가 전략적인 관점으로 각 부서에서 모은 종합적인 정보나 시각 위에서 기업 커뮤니케이션 메시지를 작성할 수 있다는 점이었다.

FedEx 스토리를 일관성 있게 모든 직원에게 전달하고, 직원들의 기업에 대한 충성심과 관심을 불러일으키기 위해 직원들의 성공이야기를 공표했다.

직장에서 시장으로의 전략을 달성하기 위해 관련 부서(마케팅·광고 등)의 커뮤니케이션 전문가로 구성된 커뮤니케이션 위원회를 만들어 정기적인 모임을 열었다. 이 위원회는 FedEx 최고경영자 회의에서 결정한 전략을 지원할 커뮤니케이션 계획을 세운다.

또한 세계 2,000개 지역을 연결하는 내부 TV망을 통해 필요한 정보를 시시각각으로 전달하는데, 사용량의 90%는 정보전달을 위해, 10%는 직원교육을 위해 할애했다. 이런 TV망은 전 세계에 흩어져 있는 직원들에게 긴급한 현안을 전달하는 데 유리하다.

그리고 수시로 고객 중심 서비스에 대한 조사를 실시하고, 그 결과를 직원들에게 알렸으며, Way Ahead 프로그램을 가동했다. 이 프로그램은 새로운 FedEx에 대한 직원들의 궁금증과 우려(새로운 일에 대한 두려움, 자신들의 직무에 미치는 영향 등)를 해소하기 위한 것이었다.

이런 커뮤니케이션 프로그램은 '직장에서 시장으로'라는 새로운 전략이 성공하려면 기업문화가 바뀌어야 하고 그러기 위해서는 직원들의 가치와 생각, 행동패턴이 바뀌어야 한다는 전제가 깔려 있다.

다음은 전략적 기업 커뮤니케이션 계획을 평가하기 위한 설문지다. 전략적 커뮤니케이션 계획의 수립여부에서 평가에 이르기까지의 과정을 체크해 보자.

■ 우리 조직은 전략적 커뮤니케이션을 하고 있는가?

①전혀 아니다 ②아니다 ③보통이다 ④그렇다 ⑤매우 그렇다

1. 조직의 커뮤니케이션 부서는 매년 예산이 뒷받침된 커뮤니케이션 계획이 있는가?
   □ ①   □ ②   □ ③   □ ④   □ ⑤

2. 조직의 커뮤니케이션 부서는 조직의 목적과 연계하여 전략적 커뮤니케이션 계획을 세우는가?
   □ ①   □ ②   □ ③   □ ④   □ ⑤

3. 조직의 커뮤니케이션 부서는 전략적 커뮤니케이션 계획을 세울 때 외부 전문가 또는 내부 전담 직원이 있는가?
   □ ①   □ ②   □ ③   □ ④   □ ⑤

4. 조직의 커뮤니케이션 부서는 전략적 커뮤니케이션 계획 자료를 위해 커뮤니케이션의 대상자들을 상대로 설문조사와 환경조사를 실시하는가?
   □ ①   □ ②   □ ③   □ ④   □ ⑤

5. 조직의 커뮤니케이션 부서는 전략적 커뮤니케이션을 효율적으로 실행하기 위해 계획단계부터 관련부서를 체계적으로 참여시키고 있는가?
   □ ①   □ ②   □ ③   □ ④   □ ⑤

6. 조직의 커뮤니케이션 부서는 커뮤니케이션 계획을 구체적으로 실천하기 위해 공식 과정을 밟는가?
   □ ①   □ ②   □ ③   □ ④   □ ⑤

7. 조직의 커뮤니케이션 부서는 전략적 커뮤니케이션 계획에서 설정한 목적을 위해 구체적인 실행 프로그램을 가동하는가?

  □ ①   □ ②   □ ③   □ ④   □ ⑤

8. 조직의 커뮤니케이션 부서는 조직의 전략과 연계된 커뮤니케이션 전략의 성과물을 정기적으로 이사회에 보고하는가?

  □ ①   □ ②   □ ③   □ ④   □ ⑤

9. 조직의 커뮤니케이션 부서는 조직원들의 커뮤니케이션 평가를 근거로 한 보상제도가 있는가?

  □ ①   □ ②   □ ③   □ ④   □ ⑤

10. 조직의 커뮤니케이션 부서는 커뮤니케이션 계획의 성과를 정기적으로 평가하는가?

  □ ①   □ ②   □ ③   □ ④   □ ⑤

■ 결과 분석

- 42점 이상 : 전략적 커뮤니케이션 계획이 잘 실천되고 있는 기업이다.
- 42점 미만~35점 이상 : 전략적 커뮤니케이션 구성요소 중 어떤 요소 즉, 참여제도가 문제인지 또는 평가제도가 문제인지, 문제가 되는 구성요소를 파악하여 이를 해결할 필요가 있다.
- 35점 미만 : 전략적 커뮤니케이션 전반에 걸쳐 문제가 많은 기업이다. 많은 예산과 인원을 투입하여도 깨진 독에 물 붓기다. 전략적 커뮤니케이션 계획을 전면적으로 다시 세워야 한다.

허삼봉은 조직 커뮤니케이션에도 전략적 사고가 필요하다는 사실을 절감했다. 전략적 커뮤니케이션이 회사 사람들의 '어떻게 생각할 것인가'에 큰 영향을 끼친다는 사실을 알았다. 사람 간 갈등으로 생기는 커뮤니케이션 문제는 커뮤니케이션에 관한 지식의 문제가 아니라 마음의 문제라는 사실도 깨달았다.

허삼봉은 강경한 팀장을 찾아가 진심으로 사과하고 화해했다. 강 팀장도 당시의 조직 분위기에서는 어쩔 수 없었노라고 허삼봉의 사과를 받아들였다.

커뮤니케이션에 대한 충분한 지식과 기술이 있더라도, 상대가 솔직하게 개방적으로 대화할 마음이 없다면 아무 의미가 없었다. 마음이 열리면 말길도 열렸고, 마음이 닫히면 말길도 막혔다. 사람의 마음을 잡으려면 상대를 배려해야 했다. 상대를 배려하려면 경청해야 했으며, 구성원 각자의 커뮤니케이션 능력과 함께 비언어 메시지에 대한 이해도 필요했다.

우려했던 한다발유통의 노사문제는 대화로 해결되었다. 기존에 해고된 비정규직 직원도 희망자에 한해 다시 입사를 허용했다.

회사에서는 임금연동제를 채택했다. 이는 매출이익에 따라 임금을 차등 지급하는 방식이다. 전략적 조직 커뮤니케이션 프로그램에 직원대상의 재무보고와 임금연동제에 대한 홍보 프로그램이 포함되었다.

잘 짜인 전략적 조직 커뮤니케이션 프로그램 덕분인지 한다발유통에서도 더이상 심각한 노사분규는 발생하지 않았다. 노조도 개방적인 전략적 커뮤니케이션 프로그램을 반대할 이유가 없었다. 그것의 시행으로 오히려 기업이 투명해지니 적극 찬성하는 분위기였다.

경영전략과 조직의 목표, 사명이 자신의 일과 무관하지 않다고 믿는 구성원이 늘었다.

전략적 커뮤니케이션 계획의 성공에는 '기업은 더 나은 삶을 위해 존재하는 것'이라는 유비전 회장의 인간 중심 사상이 주요했다. 무엇보다 최고경영자의 생각이 바뀌어야만 조직문화도, 커뮤니케이션 분위기도 바뀔 수 있다. 사람이 혼자 변하는 것은 어렵다. 깨달은 사람과의 커뮤니케이션에 의해 가능해지는 것이다.

누군가 허삼봉의 어깨를 톡톡 두드렸다.

뒤를 돌아보자 주요한이 환하게 웃으며 말했다.

"허삼봉 대리님, 승진 축하드려요!"

의사소통의 달인 허삼봉 직장 성공기

지은이 **황상재 · 오익재**

초판 1쇄 발행 **2008년 1월 30일**
초판 4쇄 발행 **2009년 12월 9일**

펴낸곳 **뜨인돌출판사** | 펴낸이 **고영은**
총괄상무 **김완중** | 편집장 **인영아**
기획편집팀 **이준희 이재두 신문수 이혜재**
마케팅팀 **이학수 오상욱 엄경자** | 총무팀 **김용만 고은정**

표지 본문 디자인 **잔디** | 표지일러스트 **최지은**
필름출력 **푸른 서울** | 인쇄 **예림** | 제책 **바다**

신고번호 **제1-2155호** | 신고년월일 **1994년 10월 11일**
주소 **121-840 서울시 마포구 서교동 396-46**(마포구 솔내 1길 18-8)
대표전화 **(02)337-5252** | 팩스 **(02)337-5868**
뜨인돌 홈페이지 **www.ddstone.com**

ⓒ 2008, 황상재 · 오익재

책값은 뒤표지에 있습니다.
ISBN 978-89-5807-221-8 03320